人民币国际化的路径与次序

——基于计量模型的实证检验

李京晔 著

经济科学出版社

图书在版编目（CIP）数据

人民币国际化的路径与次序：基于计量模型的实证
检验 / 李京晔著 . —北京：经济科学出版社，2013.10
ISBN 978 - 7 - 5141 - 3807 - 8

Ⅰ.①人… Ⅱ.①李… Ⅲ.①人民币 - 金融国际
化 - 研究 Ⅳ.①F822

中国版本图书馆 CIP 数据核字（2013）第 223925 号

责任编辑：刘殿和
责任校对：王肖楠
版式设计：齐　杰
责任印制：李　鹏

人民币国际化的路径与次序
—— 基于计量模型的实证检验

李京晔　著

经济科学出版社出版、发行　新华书店经销
社址：北京市海淀区阜成路甲 28 号　邮编：100142
教材分社电话：010 - 88191355　发行部电话：010 - 88191522
网址：www. esp. com. cn
电子邮件：espbj3@ esp. com. cn
天猫网店：经济科学出版社旗舰店
网址：http://jjkxcbs. tmall. com
北京密兴印刷有限公司印装
710×1000　16 开　11.5 印张　160000 字
2013 年 10 月第 1 版　2013 年 10 月第 1 次印刷
ISBN 978 - 7 - 5141 - 3807 - 8　定价：35.00 元

目　录

第1章

导　　论

1.1　人民币国际化的背景

长期以来，美元在国际货币体系中的霸主地位一直是美国主导全球经济的有力支撑。2008 年金融危机在给美国经济造成重创的同时，也暴露了当前国际货币体系的弊端，给美元的国际地位带来了巨大的影响。改革当前的国际货币体系也成为国际社会的共识，这就为加快推进人民币的国际化进程提供了难得的机遇。

2010 年中国的 GDP 跃居世界第二，是世界第一大贸易国。然而人民币的国际货币地位却较低，而且，作为全球外汇储备最大的国家，将储备资产 70% 左右集中于美元资产，是美国国债的海外第一大债主，一旦美元贬值中国将损失巨大。因此，中国的美元储备资产的安全性令人担忧，最好的解决办法就是让我们自己的货币成为国际储备货币。

目前，中国的经济大国、货币小国的地位对中国经济稳健持续发展极为不利，中国无法获得国际铸币税，更为重要的是，中国的国际贸易、国际投资、国际借贷、国际债券等的结算都需要通过美元等国际货币进行收付，这对中国这样一个政治经济大国来说无疑将成为一个制约因素：本国货币政策的有效性将受制于美元等国际货币发行国的经济政策，且本国进出口企业始终面临汇率风险。因此，人民币国际化意义重大。

在国际金融危机和建设多元化国际货币体系的背景下，研究人民币国际化进程和路径问题具有现实意义，可以为人民币跨境流通的政策设计提供理论指导，促进人民币在亚洲金融合作中胜出成为亚洲地区的关键货币。

进入21世纪以来，中国政府一直在加强同东亚各国间的金融和经济合作，与其他国家或地区签订了10多份自由贸易协定，建立了中国内地与港澳更紧密的经贸关系安排、中国—东盟自贸区、亚太贸易协定、中国—智利自贸区、中国—巴基斯坦自贸区、中国—新西兰自贸区、中国—新加坡自贸区和中国—秘鲁自贸区等共8个自由贸易区。同时，借助在2000年5月同东盟十国及日韩签订的《清迈协议》，中国积极加强同东亚区域间各国货币合作，与东亚各国签订了一系列双边货币互换协议。2009年4月，国务院宣布在跨境贸易中进行人民币结算的试点，加快了人民币国际化的进程。2011年跨境贸易人民币计价结算从试点的5个省市扩展到全国范围，从试点的东亚地区扩展到全球。同样在这一年，以人民币计价的跨境投资和金融交易活动陆续开始试点，资本账户管理政策出现了松动迹象。人民币陆续得到周边及发展中国家货币当局的认可，7个国家将人民币列入其外汇储备。这一年在业界被称作"人民币国际化元年"。

但是，这一切不能从根本上摆脱中国对美元的依赖，为了减少汇率的持续波动给国民经济带来的巨大负面影响，摆脱为保证进口需要而被迫大量储备美元、继而为保持外汇储备增值而被迫购买美国国债的恶性循环，中国政府应从长远着手制定较为具体的人民币国际化的实现路径和安排合理可行的人民币国际化的进程，逐渐摆脱对美元的严重依赖，这是一项"功在当代、利在千秋"的具有重大现实意义的挑战性工作。

目前，针对人民币国际化问题的研究已有不少。早期人民币国际化的研究主要关注于人民币如何实现自由兑换，之后对人民币国际化的必要性、可行性和成本收益等问题进行了较为深刻的探讨。1997 年东亚金融危机之后，尤其是欧元正式运行之后，以最优货币区理论为基础，一些学者开始关注于东亚货币区域化对实现人民币国际化的重要性。但是，东亚各国、各地区经济发展水平和文化差异巨大，并存在着复杂的历史、社会和政治矛盾等因素，在可预见的时期内很难实现像欧元区那样的货币联盟。同时由于条件和机遇的限制，也难以复制当年的英镑和现今的美元的道路实现人民币国际化，因而应从理论角度探索人民币国际化的可行路线，但这方面的研究仍比较欠缺。正是基于此，本书将研究重点集中于人民币国际化的进程和路径上，希望在深入研究英镑、美元和欧元等货币国际化实现路径的基础上，结合中国特有的经济和金融发展现状，探索出相对更适合于人民币的国际化道路。

1.2　人民币国际化的动因

人民币国际化是在现行国际货币体系难以运转的情况下应运而生的。此次国际金融危机充分暴露了现行国际货币体系的不合理性，触发了对人民币的强烈国际需求。换言之，国际社会对人民币的需求在很大程度上亦代表着改革现行国际货币体系的内在需要。

现行的国际货币体系是牙买加体系。从本质上看，牙买加体系的核心是黄金非货币化，并由此形成了"无体系的体系"。所谓无体系，即意味着没有黄金这一核心，并不能围绕该核心形成体系，这突出表现在全球没有统一的汇率制度安排，各国尤其是货币中心国各行其是，汇率制度五花八门，汇率水平波动不已，协调困难。所谓体系，意味着由此开启了信用货币为基础的国际货币秩序。国际货币体系的正常运行及可持续发展全部依赖于信用货币的稳定状态，而这取决于充当国际货币的主权货币国的宏观经济政策，主要是货币政策的稳定性。

现行的国际货币格局是以美元为主导的多元格局。美元仍是各国货币汇率的驻锚目标，美元事实上仍是锚货币。在布雷顿森林体系下，由于美元与黄金的固定比价，锚是稳定的。但在牙买加体系下，锚的稳定就取决于美国的宏观经济政策，尤其是货币政策。这就要求失去黄金约束的美国货币当局要比以往更加谨慎地进行宏观经济管理，不仅要保持美国宏观经济稳定，而且要对世界宏观经济稳定负责。然而，令人遗憾的是，出于自身利益最大化考虑的美国是不可能做到这一点的。

由于美元价值与黄金没有固定关系，美国的货币政策就没有任何强制性约束，美联储也没有义务维持美元与黄金的比价，进而维持美元与其他货币的汇价水平。近年来，美国经济增速放缓，为刺激经济增长，美联储实行了低利率的宽松货币政策，使大量美元通过经常赤字流向整个世界。2008 年，美国经常项赤字竟然高达6733 亿美元。美元发行的持续扩张固然刺激了美国经济增长，但也带来了全球性的流动性过剩和通货膨胀。2008 年以美国次贷危机为导火索的国际金融危机和当前以大宗原材料上涨为代表的通货膨胀，在很大程度上就是美国不负责任的单边宏观经济政策的产物。它凸显了美联储应是全球的中央银行但又不为全球经济负责的，而仅为美国本国利益考虑的角色冲突。

综上所述，现行的国际货币体系依然高度依赖于美元，但没有黄金约束的美元又可以不负责任，从而形成了这样一种局面：美元的发行权属于美国，美国可以长期执行宽松的货币政策，造成全球流动性过剩，美国可以通过发行美元为其贸易赤字融资，使其高消费、低储蓄、高国际收支赤字的经济模式可以长期维持。而处在外围的发展中国家，因美元是国际货币，又不得不实行盯住美元的汇率制度，美元利率和汇率的变动往往导致其国际资金流向发生变动、游资大进大出，给金融安全带来了重大威胁，1997 年亚洲金融危机就是明显的例证。为防范这类风险并备不时之需，发展中国家又不得不想方设法扩大出口，巩固顺差，形成了以美元为代表的外汇储备的大规模累积。而累积的外汇储备为了保值增值又投资于美国资本市场，这又相应压低了美元利率，在进一步鼓励了美国居民寅吃卯粮式的负债消费的同时，也使发展中国家投资于美元资产的收益率更加微薄，更为严重的是，美国资本市场的风吹草动还是会使这些美元资产遭受损失。

现行的国际货币体系的权益与责任严重失衡，缺乏系统性的调整各国国际收支的有效机制，无法应对经济全球化的挑战，反而加剧了世界经济的不平衡，需要改革。改革的核心是清除或遏制因美元本位制而引发的弊端。除改革包括国际货币基金组织在内的国际经济组织，加大对美元的约束外，一个重要的途径就是使国际货币多元化，通过弱化美元作为国际中心货币的地位，以分散国际货币体系过分依赖于美元而产生的系统性风险。人民币国际化就是在这样的国际环境下提出的。

首先，改革开放30多年来，中国经济有了突飞猛进的发展，年均增长都在两位数左右，到2010年，中国已取代日本成为全球第二大经济体。与此同时，改革开放以来，特别是加入WTO后，中国经济已深度融入世界经济，以进出口贸易占GDP的比重所衡量的经济开放程度已达70%以上，为世界各大国之首。2009年，中国已成为世界第一大贸易国。此外，改革开放以来，特别是20世纪90年代以后，中国宏观经济质量明显趋好，其标志是经济不再大起大落，波动幅度日趋收窄。其结果是，人民币币值稳定，并具有升值的倾向。凡此种种，都奠定了人民币国际化的国内基础条件。

其次，随着人民币国际化国内基础条件的逐渐具备，人民币现实的国际需求开始产生并日趋激烈。20世纪90年代后，随着中国边境贸易的开展，人民币国际贸易媒介的功能开始显现，相当部分的边贸商品和旅游产品开始以人民币计价和结算。在相当部分的中国周边国家，人民币广泛流通。

综上所述，人民币国际化不仅是中国经济成长的趋势所在，同时也是改革现行不合理的国际货币体系的需要所在。而人民币国际化的国内基础条件和国际需求条件的具备，使得人民币国际化具备了可行性。

1.3 人民币国际化的现状

纵观英镑、美元、日元等主要货币的发展历史，货币的国际化进程通常会经历三个阶段：贸易结算货币，投资标的货币，最终自然而然地成为国际储备货币。目前，人民币已经开始走出国门，逐渐在周边国家和地区流通和使用。随着中国经济的持续发展，中国在国际贸易、投资和金融领域的地位将会进一步提高，人民币国际化进程将会逐渐加快。

1.3.1 跨境贸易人民币结算现状

1. 全面启动跨境贸易人民币计价结算。2011 年 8 月，跨境人民币业务范围进一步扩大，跨境贸易人民币结算境内地域范围扩大至全国。至此，中国境内任何一个地区、任何一家企业对全球任何一个国家和地区的跨境贸易都可以用人民币进行结算。

2. 规模迅速扩大。根据中国人民银行统计，2011 年银行业累计办理跨境贸易人民币结算业务 2.09 万亿元，相比 2010 年的 5064.1 亿元增长了 3.1 倍。2011 年中国年度贸易总额中以人民币作为结算货币的部分占比达 8.9%，较 2010 年的 2.5% 有大幅提升。

3. 以货物贸易结算为主。在中国的贸易结构中，货物贸易占据绝对优势，与此相对应，跨境贸易人民币结算也是以货物贸易为主。在 2010~2011 年人民币跨境贸易结算构成中，货物贸易的占比分别为 86.5% 和 75.1%。同期服务贸易和其他经常项目占比为 13.5% 和 24.9%。尽管服务贸易人民币结算规模不大，但是增长迅猛，呈现稳步上升趋势。

4. 收付失衡状况逐步改善。当今国际贸易市场的一大特点是以买方市场为主，进口方在大多数的商品贸易中，具有确定计价结算货币等贸易条件的相对优势，可以主导结算货币的选择。因此，在中国的进口贸易中企业更容易选择人民币计价结算。在出口贸易中企业如果希望用人民币结算，就必须说服国外的进口商接受人民币，这需要更长的时间。根据中国人民银行有关数据显示，2010年跨境人民币业务货物贸易总量中，进口人民币结算比例为92%，出口人民币结算比例为8%。2011年，进出口人民币结算量失衡的情况有所改善，进口人民币结算占比降到78%，出口人民币结算上升至22%。

1.3.2 国际金融市场人民币交易现状

国际货币的使用范围不仅局限于国际贸易，还包含国际金融市场。货币在国际金融交易中作为支付手段被广泛使用，这也是该货币国际化程度的重要体现。

1. 外汇市场人民币交易规模明显增大。2010年，国际经济形势依然严峻复杂，在美元、欧元、日元等世界主要货币震荡加剧的形势下，人民币汇率的市场化定价机制不断完善，灵活性和波动性增加。在较强的人民币升值市场预期带动下，外汇市场人民币交易量快速攀升。据国际清算银行统计，2010年全球外汇交易中，人民币交易的全球占比为0.9%。虽然买卖人民币的规模远低于美元、欧元、日元、英镑、瑞士法郎等世界主要货币，但是与2001年相比，2010年人民币交易规模增长了近10倍。

2. 人民币股票市场在2011年取得了重大进展。2011年4月29日，香港首只人民币计价房地产投资信托基金——汇贤产业信托正式在港交所挂牌交易。作为第一支离岸人民币IPO，它对香港离岸市场发展及人民币国际化都具有重要意义，开创了离岸市场人民币计价股票这一新的资产类别，标志着人民币计价股票市场发展进入了新的阶段。随着离岸市场人民币计价股票的发展，人民币计价股票交易将在全球股票交易中发挥越来越重要的作用。

2008年的金融危机导致全球股票市场交易规模出现大幅萎缩。2009年后全球股票市场交易量逐渐回升，其中人民币计价股票交易规模增长十分迅速。尽管2010年以来人民币股票发行规模增速放缓，目前人民币计价股票在全球股票交易规模中的占比仍然保持在 10% 左右，较 2005 年增长了 10 倍。人民币计价股票已经成为世界股票交易中的生力军，中国股市市值名列全球第二。

3. 人民币衍生品市场发展迅速。发展人民币衍生品市场，人民币金融产品的利率、汇率风险以及信用风险都能够得到有效的管理，这会大大增强国际社会持有人民币资产的信心，满足其正常的人民币资产保值增值的需求，因而有助于推动人民币国际化进程。人民币国际化程度的不断提高，境外人民币存款规模的快速扩张，刺激了市场对人民币衍生产品的更多需求。据中国外汇交易中心统计，2011 年银行间人民币利率衍生品市场共成交 2.8 万亿元，同比增长 52.6%。其中，利率互换市场 2011 年全年成交 2.7 万亿元，同比增长 78.4%，参与主体增至 83 家。固定利率与浮动利率互换成为中国利率衍生品市场的主要产品。

4. 境外人民币信贷以及香港人民币存款均出现显著增长。2010 年中国金融机构对境外发放人民币贷款在 100 亿~200 亿元之间波动。国家开发银行、中国进出口银行等政策性银行是发放境外人民币贷款的主体。2011 年 1 月 13 日，中国人民银行发布《境外直接投资人民币结算试点管理办法》，该办法第 15 条规定：银行可以按照有关规定向境内机构在境外投资的企业或项目发放人民币贷款。该政策刺激了金融机构对海外投资项目跨境人民币贷款的业务需求，极大地促进了我国金融机构境外人民币贷款的发放。2011 年 1 月，对境外发放的人民币贷款由 2010 年 12 月的 219 亿元猛增至 1423 亿元，规模增长了 5 倍以上。其后的 12 个月，中国对境外人民币贷款规模每月均保持在 1500 亿元左右。

2010 年 6 月之前，香港离岸市场人民币存款保持 10% 以下的较低增速；2010 年 6 月至 2011 年 5 月中国政府推出了一系列人民币业务新政策，金融市场反响积极，香港人民币业务呈现蓬勃发展势头。人民币存款加速增长，占香港存款总额的比重不断提升，其增速在 2010 年 10 月达到 45.4% 的最高值。

5. 人民币国际债券与票据发行量增长迅速。随着人民币跨境贸易结算试点扩大以及香港人民币离岸市场的发展，人民币国际债券与票据余额占全球债券与票据规模之比从 2010 年第四季度开始迅速增长，增长率一度达到 40% 以上。此后，人民币国际债券发行规模增长放缓。2011 年人民币国际债券和票据的余额增速平均保持在 25%。

6. 离岸金融市场取得较快发展。香港是提供人民币存款、兑换以及汇款等银行业务的首个非大陆地区。跨境贸易人民币结算业务直接推动了香港离岸人民币存款增加。根据中国人民银行及香港金管局数据，2011 年跨境贸易人民币结算业务累计发生 2.08 万亿元，月均结算规模由 2010 年的 310 亿元上升至 2011 年的 1600 亿元。直接投资人民币结算业务累计发生 1109 亿元，由此，香港离岸人民币存款规模到达 5885.29 亿元，约占其存款总额的 9%。

为支持全球银行人民币离岸交易，香港构建了一个高效可靠的人民币清算平台——人民币结算所自动转账系统（人民币 RTGS）。人民币 RTGS 是中国现代化支付系统的延伸，实行实时支付结算。截至 2011 年年末，共有 187 家银行加入该系统，其中 165 家为外国银行与中国银行海外分支机构，这一网络覆盖了 6 大洲的 30 多个国家。

1.3.3 人民币直接投资与证券投资发展现状

1. 人民币境外直接投资发展迅猛。据中国商务部统计，2011 年我国境内投资者共对全球 132 个国家和地区的 3391 家境外企业进行了非金融类对外直接投资，累计实现直接投资 600.7 亿美元，同比增长 1.8%。其中，人民币 ODI 规模为 201.5 亿元。按当年年末汇率换算，约占当年对外直接投资累计总额的 5%。人民币境外投资的地域比较集中，投资目的地主要集中在中国香港、新加坡等华人聚居地区。

2. 人民币外商直接投资发展较快。截至 2011 年年底，外商直接投资实际使用外资金额 1160.11 亿美元，同比增长 9.72%；其中，外商直接投资人民币结算业务 907.2 亿元，按照 2011 年年末汇率折算，人民币 FDI 业务占比为 12%。

3. 外商投资人民币金融资产现状。截至 2011 年年底，国家外汇管理局累计批准 QFII 机构 110 家，境内证券投资额度达 216 亿美元，QFII 机构累计汇入资金 205 亿美元，汇出资金 44 亿美元，净汇入资金 161 亿美元。其中，2011 年 QFII 汇入资金 22 亿美元，较 2010 年的 32 亿美元下降了 32%；汇出资金 14 亿美元，较 2010 年的 6 亿美元上升了 142%；净汇入资金 8 亿美元，较 2010 年下降 70%。从资产配置结构来看，QFII 以持有股票为主，股票在其资产中的占比高达 70%。

2011 年境外对我国证券投资净流入 134 亿美元，同比下降 58%。受美欧主权债务危机的冲击，在境外做空力量的持续打压下，2011 年境外对我国股票投资规模为 53 亿美元，较 2010 年下降了 83%。但在债券投资方面，受开放境外人民币清算行等三类机构运用人民币投资境内银行间债券市场的政策效应以及境内机构赴港发行人民币债券规模增大的影响，2011 年境外对我国债券投资增长迅猛，净流入达 81 亿美元，较 2010 年上升了 24 倍①。

1.3.4 货币当局人民币互换现状

货币互换协议是指互换双方以本国货币为抵押换取等额对方货币，以便必要时向本国金融机构提供短期流动性支持。通过货币互换，将得到的对方货币注入本国金融体系，方便企业借到对方货币，用于进口与偿债支付。2008 年以来，中国先后与 14 个国家和地区货币当局签署了货币互换协议，扩大了人民币在各国央行这一层面的使用范围。2011 年，中国人民银行与其他货币当局的人民币互换总额达到 1.3 万亿元。各国在使用互换的人民币时，根据自身国际经济活动的不同需要，发挥人民币不同的国际货币职能。例如，阿根廷、马来西亚和印度尼西亚主要使用人民币充当贸易结算货币；白俄罗斯将人民币作为储备货币；韩国将人民币充当金融交易货币，为在华投资的韩国企业提供融资；中国香港则将人民币作

---

① 数据来源：国家外汇管理局. 2011 年中国国际收支报告.

为发展离岸人民币业务的一个资金来源。扩大人民币双边本币互换规模，不仅有利于解决中国的主要贸易伙伴面临的进口或偿债外汇资金缺乏问题，促进双边贸易发展，还有助于扩大人民币跨境贸易结算、流通范围，提高人民币的国际影响力。

1.3.5　全球外汇储备中的人民币

截至 2011 年年末，"可划分币种的外汇储备" 是 5.65 万亿美元，占全球官方外汇储备总额的 55.37%，"不可划分币种的外汇储备" 是 4.55 万亿美元，占全球官方外汇储备总额的 44.63%。国际货币基金组织对以人民币计价的外汇储备并未进行单列统计。2011 年 9 月 6 日，尼日利亚中央银行宣布正式将人民币作为其外汇储备货币，以实现其外汇资产多元化战略目标。目前尼日利亚的外汇储备规模约为 330 亿美元，人民币在尼日利亚外汇储备中的比例维持在 5% ~ 10% 的水平。此外，马来西亚、韩国、柬埔寨、白俄罗斯、俄罗斯和菲律宾等国的外汇储备中也包含少量的人民币资产。新兴经济体和发展中国家拥有全球外汇储备的 2/3，这些国家不是国际货币发行国，它们在选择储备货币时有较大的选择范围和货币选择的灵活性，如果它们增加人民币外汇储备，可以直接提高人民币国际化程度。

1.4　本书的结构及主要内容

第一部分是引言，阐述了本书的选题背景及意义，以及简要分析了当前人民币区域化及国际化的现状。

第二部分是对相关文献的综述，在对货币国际化的定义进行较为全面阐释的基础上，从货币的职能角度对一国货币国际化的基本条件进行了汇总。同时，结合本书研究的主题，对人民币国际化的条件和路径的已有研究成果进行了归纳和总结，为之后的分析做了理论上的准备。

第三部分是对历史上和现有的货币国际化的成功经验进行分

析。从 19 世纪后期国际货币体系形成以来，先后出现了数种具有国际影响力货币，比较成功的模式有英镑模式、美元模式、日元模式、马克模式和欧元模式。本部分对五种货币国际化的路径和影响因素进行细致研究，为人民币国际化路径的设计提供借鉴和指导。

第四部分是从实证分析的角度，利用面板数据计量经济模型，对各国央行国际储备中的各国货币比重进行定量分析，目的是找出影响一国货币国际化水平的内在因素，在此基础上探讨人民币国际化的进程和适合选择的路径。本部分考虑到的影响一国货币国际化水平的内在因素主要包括：经济实力、国际贸易总量、外汇储备、通货膨胀、汇率波动幅度、实际利率、科技力量、金融市场发达程度以及政治地位、军事实力和央行独立性等。

第五部分是在总结货币国际化成功经验和分析人民币国际化现状与影响因素的基础上，对人民币国际化的可行路径进行了初步设计，确定了人民币国际化路径设计的基本原则，并在此基础上制定人民币国际化的具体实施步骤。人民币国际化是一个长期的过程，采取一步到位的策略既不稳妥也不现实，需要分步实施。在地域推进上，坚持人民币周边化、区域化、国际化；在货币职能上，坚持人民币结算货币、人民币投资货币和人民币储备货币，"三步走"推进人民币国际化进程。

第六部分提出了人民币国际化的风险和应对措施。主要风险来自于人民币国际化对国内金融稳定的冲击，主要措施在于加强金融监管水平，完善人民币流动监测机制。

第七部分是对全书的总结。

第2章

理论综述：货币国际化的研究进展

2.1 货币国际化的内涵

1. 国际货币。在定义"货币国际化"之前，首先要明晰"国际货币"的概念。关于如何界定国际货币，科恩（Cohen，1971）给出了两条公认的标准：第一，从货币职能的层面看，国际货币是在市场上普遍接受和使用的货币，是广泛承担国际结算的计价标准、流通手段、支付手段和储备手段等全部或部分货币职能的货币；第二，从货币投资力的层面看，国际货币不仅是能够在一国范围内进行投资的货币，而且是能够在国际区域进行各种投资的货币。

科恩的分析与马克思关于"世界货币"概念的论述是非常一致的。马克思认为，一般货币具有以下四种职能：价值尺度、流通手段、支付手段、贮藏手段；而当一国货币跨出国境，在世界范围内执行上述职能时，该货币就成了世界货币。

哈特曼（Hartmann，1998）进一步对国际货币的职能进行了归纳，主要包括三个方面。第一，交易货币和干预货币的职能。这里的交易包括商品贸易和资本交易。对于居民部门来说，国际货币货币主要作为媒介货币而使用；对于官方部门而言，国际货币是进行市场干预实现国际收支平衡的手段。第二，计价货币和货币锚的职能。在居民部门的商品和金融交易中，国际货币充当计价货币。

当被国际作为官方汇率确定的参照标准，如其他国家将其本币汇率盯住该国际货币时，这种国际货币就成为货币锚。第三，价值储藏和储备货币职能。如果国际货币以投资货币的形式出现，作为个人选择金融资产的币种时，则成为个人的价值储藏手段。而对于官方部门来说，如果是持有国际货币本身或以它计价的金融资产时，国际货币执行储备货币的职能。

IMF 将国际货币定义为：在国际往来的支付中被广泛使用的以及在主要外汇市场上被广泛交易的货币。IMF 的定义更强调货币在国际交易中的"广泛使用"。这种广泛包括交易和地域的广泛，只有当一种货币在世界范围内，并在贸易和金融交易中被"广泛使用"，才是真正意义上的国际货币。姜波克、张青龙（2005）认为，国际货币一般是指在金融资产、商品和服务贸易的国际交易中用于计价和结算的货币，而且被居民和货币当局持有作为国际流动性资产和储备资产。国际货币的职能是货币国内职能在国外的扩展，货币的三项传统职能是包括支付手段、记账单位和价值储藏手段。国际货币从其国际化的程度上看，可分为部分国际化和完全国际化的国际货币。部分国际化是指这种货币在国际经济（充当支付手段、记账单位、价值储藏手段）中发挥有限的作用。完全国际化是指这种货币在国际交易中充当支付手段、记账单位、价值储藏手段等全部功能。当国际货币具有以下几个特征时，它就成为国际中心货币：一是在各国中央银行的官方储备中占据优势比例；二是在外国被广泛用于日常交易；三是在国际贸易的计价中占优势份额；四是在国际金融市场的货币选择中发挥主导作用。国际货币可能有多个，但国际中心货币只有一个，非中心国际货币基本围绕中心货币或根据中心货币的变化而调整。

2. 货币国际化。IMF（1946）认为，货币国际化是指某国货币越过货币发行国国界，在世界范围内自由兑换、交易和流通，最终成为国际货币的过程。达伍拉斯（1997）认为，当一种货币在货币发行国不参与的国际贸易中充当记账单位、交换媒介和价值储藏手段时，这种货币就实现了国际化。蒙代尔（2003）认为，当货币流通范围超出法定的流通区域时，就说明这种货币国际化了。日本财政部（1999）对日元国际化的定义是：提高海外交易及国际融资中日元使用的比例，提高非居民持有的以日元计价的资产的比例，特别是提高日元在国际货币制度中的作用以及提高日元在经常交易、资本交易和外汇储备中的地位。吴富林（1991）认为，货币国际化是指国别货币的运动越出国界，在世界范围内自由兑换、流通，在世界范围内作为计价、结算、储备以及市场干预工具，成为国际货币的经济过程。

根据上面对"国际货币"的描述，可以将"货币国际化"阐述为：一国货币执行的货币职能，全部或部分由货币发行国范围扩大到其他国家甚至全世界的过程。

此外，还有一个与货币国际化密切相关的概念——货币替代。这一概念源自1969年美国经济学家切特泰对国内准货币的研究。货币替代的含义有狭义和广义之分。狭义的含义，也就是通常意义上的货币替代，它是指一国居民因对本币的币值稳定失去信心，或者本币的资产收益率相对较低，本国居民减少持有本币，增加持有外币，从而外币作为国内的价值储藏、交易媒介而部分或全部地替代本币。科恩（1998）区分了货币替代和货币国际化。根据科恩的观点，从方向上来看，货币替代是指人们用外币替代本币，而货币国际化是本币替代外币。

2.2 货币国际化的层次

科恩（1998，2004）从货币地理学的角度，把货币的等级关系描绘成一个金字塔形状，将货币从顶端到底层依次分为七个层级：（1）顶级货币：位于金字塔顶端，在国际货币中地位最高，在各种类型的国际交易中占据主导作用，它的使用是世界性的，不受任何地理区域的限制。至今只有两个国家的货币获得了如此地位：第一次世界大战前的英镑和第二次世界大战后的美元。（2）贵族货币：这种货币虽然被广泛使用于各类跨境交易，但不占主导地位，不是世界性的。如欧元和日元，它们的影响大部分局限在单一区域或部分国际交易中。（3）精英货币：这种货币能在国际交易中使用，但在国外的影响力比较小。如英镑、瑞士法郎、澳大利亚元。（4）平民货币：它们在国际交易中使用有限。包括一些较小的工业化国家（如挪威、瑞典）的货币、一些中等收入的新兴市场经济体（如以色列、韩国、中国台湾）的货币等。（5）被渗透货币：这种货币即使在国内也面临威胁，其价值储藏职能被外币替代。一些发展中经济体常见这种货币，特别是在拉丁美洲地区、东南亚国家。（6）准货币：这类货币不仅价值储藏职能被外币替代，而且在某种程度上，计价单位和交易媒介职能也被外币替代，如玻利维亚、柬埔寨、老挝、秘鲁等一些经济脆弱国家的货币。（7）伪货币：这类货币位于金字塔最底端，仅仅是名义上存在。如巴拿马本国发行的货币仅为辅币，美元是流通的法定货币。

综上所述，可以从不同角度对货币国际化的层次作如下的划分。

2.2.1 货币使用区域

从货币使用区域角度分，货币国际化可分为：周边化、区域化和国际化三个从低到高的层次。

1. 货币周边化。货币周边化是指货币在发行国以外的周边国家和地区广泛使用。原因在于这个国家与周边国家和地区的经贸往来密切，并且该国经济实力强于周边国家和地区。目前，人民币已经开始了周边化进程。在我国与周边国家和地区（越南、泰国、缅甸、朝鲜、蒙古国、俄罗斯、巴基斯坦、尼泊尔等）的边境贸易中，人民币已经被普遍作为支付和结算的硬通货。由于南非的经济规模和影响力，南非的货币在相邻的3个国家广泛流通。

2. 货币区域化。货币区域化是指一种货币在一个特定国际区域内被广泛使用。货币区域化表现为四种基本形式：第一种，区内各国不发行货币，由超国家的中央银行发行统一货币，并实施共同的财政政策和货币政策，如欧元。第二种，区内各国不发行货币，而采用其他国家的一种强势货币作为本币在境内流通。拉丁美洲的一些国家，为了规避本币贬值的风险，在本国市场上直接流通美元，这就是拉丁美洲地区的美元化，可看做是美元的国际区域化。第三种，区内各国保留自己的货币主权，但将各自的货币盯住一种强势货币，采取固定汇率，被盯住货币即成为锚货币；同时，货币发行额以一定比例锚货币外汇储备为基础，保证本国货币与锚货币随时可按固定汇率兑汇，这被称作"货币局制度"。如果盯住的是美元，则实质是程度较低的美元化，与拉丁美洲地区美元化的区别主要是美元发挥作用的程度不同。例如，中国香港实行的联系汇率制度。第四种，一种货币在特定区域内的国际交易中被逐渐地接受为国际货币。例如，日元在东亚一些国家和地区的使用。

3. 货币国际化。货币国际化是指一种货币在全球范围内被广泛使用，这是货币国际化的高级阶段。例如，第一次世界大战前的英镑和当前的美元。需要说明的是，并非每种货币的国际化都必须经历周边化、区域化和国际化三个阶段。从国际经验来看，不同国家货币的国际化进程具有不同的演进路径。欧元的前身——各欧元区国家的货币不少都是国际货币，所以，欧元一诞生就是区域性的国际货币；美元和日元成为国际货币都没有经历过区域化阶段——美元是在第二次世界大战后依靠自身的经济、政治实力和国际协议成为国际货币的；而日元国际化进程一开始，其部分职能（国际储备货币）就达到了全球化，但随后日元国际化进程受阻倒退，目前向区域化回归。

2.2.2　货币职能

从货币职能角度划分，货币国际化程度可分为承担部分职能和全部职能。历史上的黄金、英镑、当前的美元、欧元具备全部的货币职能。IMF 发行的特别提款权（SDR）只是一种账面资产，主要承担国际货币的储备职能，基本上不执行最主要的交易媒介职能，有学者称之为"准国际货币"。此外，国际货币行使的职能是动态变化的。一种货币国际化过程可能逐步承担各项职能，而不是一蹴而就具有全部职能。而且，原来承担全部职能的国际货币随着实力的衰落还会失去一些职能，甚至完全退出国际货币体系，如黄金。

以国际货币最主要的两个职能——交易媒介和价值储藏为例，说明近些年各主要国际货币的地位。就交易媒介职能而言，主要表现在进出口贸易和外汇交易两个方面（表 2 - 1 和表 2 - 2）。就价值储藏职能而言，主要表现在投资货币和储备货币两个方面。

表 2 - 1 　　　　近年来主要清算货币在出口贸易中所占份额　　　　单位：%

	德国	法国	英国	日本	澳大利亚	南非	加拿大	韩国	巴基斯坦
欧元	57.7	49.5	21.0	8.5	0.9	17.0	—	4.9	4.0
美元	26.6	37.9	27.8	51.2	67.4	52.0	70.0	85.9	91.4
本币	57.7	49.5	49.0	36.3	28.8	25.0	23.0	<9.2	4.6

资料来源：李若谷. 国际货币体系改革与人民币国际化. 中国金融出版社，2009.

表 2 - 2 　　　　近年来主要清算货币在进口贸易中所占份额　　　　单位：%

	美国	德国	法国	英国	澳大利亚	日本	韩国	巴基斯坦
欧元	2	52.0	42.0	22.0	8.5	3.6	4.4	6.5
美元	90.3	34.8	48.7	34.8	49.7	69.4	80.4	83.9
本币	90.3	52.0	42.0	38.8	30.2	24.1	15.3	9.6

资料来源：李若谷. 国际货币体系改革与人民币国际化. 中国金融出版社，2009.

根据货币在国际上的影响力大小，国际货币可分为国际本位货币和普通的国际货币。国际本位货币在国际货币体系中位于核心地位，对世界经济影响巨大，如第一次世界大战前的英镑和当前的美元。普通的国际货币具有国际货币的职能，但扮演配角，不具备主导能力，如以前的德国马克、法国法郎，以及现在的欧元、英镑、日元。

在不同历史时期，总有一种货币居于国际主导货币的地位，随着经济形势的变化，居于主导地位的货币是动态可变的。在 19 世纪，由于英国利用殖民战略和在国际贸易中的霸主地位，英镑在 1870～1914 年间占据了国际本位货币的地位；第二次世界大战后，美国利用经济实力的迅速增强和布雷顿森林货币体系的双挂钩制度，美元执行了国际本位货币的职能；在当前牙买加货币体系下，美元依然独自充当着国际本位币的角色，但已面临着多方面的挑战。随着美元持续贬值和美国经济的疲软，欧元的崛起，人民币和东亚货币合作的活跃，国际货币体系改革的呼声日益高涨，国际本位货币多元化的格局将会逐渐形成。

2.3　货币国际化的条件

货币国际化是一个庞大的议题，国外许多学者从不同角度给予分析和研究，国内学者的相关文献也随着人民币地位的提高而增多。这里我们系统整理了货币国际化条件的相关研究。

2.3.1　功能视角的货币国际化条件

从交易成本角度看，克鲁格曼（Krugman，1980）对本币和外币之间的交易成本进行了研究，发现随着交易量的增加，平均交易成本呈递减趋势，具有最大交易量的货币，即有最低交易成本的货币，会成为国际货币。他同时指出，如果一个国家在世界支付中占据主导地位，其货币作为主要国际交换媒介，受到交易惯性的支持，即使该国的商业地位已经下降，它的货币也可能会继续发挥作用。雷伊（Ray，2001）引入三国一般均衡模型来讨论货币交易成本问题，指出国际货币的选择是由各国的商品偏好决定的，即一国商品需求量越大，出口越多，该国货币的国际需求量就越大，其外汇市场就越具有流动性，相关交易成本就越小。由此来看，具有最大开放度和最低交易成本的货币将成为国际货币。哈特曼（Hartmann，1998）通过微观结构分析法发现：

成为国际媒介货币的币种是交易量高、汇率波动小的币种；同时由于网络成本的影响，从历史角度看，当贸易和资本流动开始选择新的币种时，以前发挥主要媒介作用的币种还将在相当长的时间内充当国际媒介货币；一种新的媒介货币的出现或旧的媒介货币的消失或分步逐渐发生，或通过剧烈重组发生，该状况依赖于贸易、投资的流向，以及外汇交易商的预期和外部冲击的影响力。

国际记账单位是货币发挥交易清算功能的重要内容，是一国货币国际化的重要体现，不同学者对货币国际化实现国际记账单位的条件有不同的观点。麦金农（McKinnon）认为一国货币成为国际记账单位的主要影响因素是产品的差异性，即在差异性较高的制成品产品交易过程中，生产者一般拥有维护价格的市场权利，交易货币一般以出口国货币计价；但在差异性较低的初级产品交易过程中，生产者多是产品价格的被动接受者，价格和结算多使用单一的国际货币。德弗罗（Devereux）和恩格尔（Engel，2001）认为货币供给变化是决定货币成为国际记账单位的主要因素，即当本国货币供给量的变化较小时，本国企业就会选择生产者货币定价，外国企业选择当地货币定价；而当本国货币供给变化较大时，本国企业会选择当地货币定价，外国企业则选择生产者货币定价。

价值储藏工具是国际货币的重要体现，实现价值储藏工具重要条件与货币市场有重要关联，相关研究多从资产组合和货币选择角度展开。德肯（Detken）和哈特曼（2000）的研究侧重于市场规模、流动性、交易成本、风险管理等角度讨论货币选择的问题。西格弗里德（Siegfried，2003）等通过研究非金融企业在国际资本市场发行外币债券时的币种选择，指出相关企业在发行债券时选择币种的考虑因素主要包括外汇波动风险、监管差别化、对冲操作和市场属性等因素。他进一步指出，企业发行外币债券的主要目的是用于对冲管理外币风险，外汇敞口推动了外币债券的发行，跨国经营范围广泛的公司更倾向于发行债券对冲外币风险；由于交易成本的存在，海外债券发行一般在发行数额达到一定规模时才是有意义的，小规模的发行主要以本币形式进行；市场属性强调外币债券发行期限的影响，由于时间成本增大了持有风险和掉期风险，较长时期外币债券发行的可能性降低。

2.3.2　环境视角的货币国际化条件

伯格斯滕（Bergsten，1975）认为，国际货币的条件应包括政治和经济两方面因素。政治上应具有较高的政治地位并得到国际社会的支持；经济分为外部经济条件和内部经济条件两方面。外部经济条件包括维持可兑换性信心、合理的流动性比率和健康的国际收支结构；内部经济条件包括持续的经济增长、价格稳定、经济规模的比较优势、货币发行的独立性以及发达的金融市场等。

蒙代尔（Mundell，1983）以及筱原三代平（1984）在肯定经济实力的基础性决定作用之外，都强调政治、军事实力对一国货币国际地位的关键作用。

Tavals（1997）总结了货币国际化的三个条件：一是对货币发行国政治稳定的信心；二是货币发行国拥有深入开放的金融市场；三是出口量占据全球的较大比重。

艾琴格林（Eichengreen，1998）指出，一国在全球 GDP 份额增加 1%，则其货币作为国际储备货币的比例将提升 5%，即使在进一步增加惯性因素（经济、贸易）后，百分之一变动的影响力仍高达 0.8%。

格林斯潘（Greenspan，2001）认为由于作为金融工具的货币的吸引力会随着它的流动性的增加而增长，国际货币有形成自然垄断的趋势，作为国际货币的必要条件是以之计价的服务和货物的未来价值是可预期的，此外还有其他因素会影响国际货币的选择，例如，一个强大、有竞争力的、在国际贸易和金融方面积极参与的开放经济体。

蒙代尔（Mundell，2003）认为，一国货币能否成为国际货币取决于人们对该货币稳定的信心，这种信心主要受以下因素的影响：第一，该货币流通区域的规模；第二，货币政策的稳定性；第三，货币流通受到的管制程度；第四，货币的可兑换性。蒙代尔认为货币作为公共物品，具有规模效应。当货币流通区域越广，流通规模越大，货币对付冲击的能力就越强。

Chinn 和 Frankel（2005）计量分析了 1973 ~ 1998 年间各国央行国际储备的主要货币币种结构的决定因素，其中显著的变量包括发行国的经济总量、通货膨胀率、汇率的波动方差大小、发行国相关金融中心的大小。

2.4 人民币国际化的条件、进程与路径研究

美国斯坦福大学教授罗纳德·麦金农（2004）认为人民币国际化应当采取循序渐进的步骤，实行稳定的汇率制度，增强他国对人民币的币值稳定的信心，并建立成熟的人民币债券市场，促进人民币成为国际主要储备货币。俄罗斯科学院远东研究所副所长奥斯特洛夫斯基（2009）认为，人民币的国际化应当以东亚和亚太地区为突破口，然后向全球拓展，在不远的将来成为主要国际货币之一。

姜波克（1994），何帆和李婧（2004）分别运用定量和定性方法对实施人民币国际化战略可获得的潜在收益进行了分析。吴念鲁（2002）提出了货币可兑换与货币国际化的区别，货币国际化的风险和收益，建议应该在国际货币体系改革的大环境中研究人民币逐步实现资本账户的开放，为人民币国际化创造条件。李晓、李俊久、丁一兵（2004）指出，尽管人民币目前来看尚不具备成为完全的国际货币的条件，但从现阶段中国及东亚地区的情况来看，人民币已经初步具备了以下实现区域化前提条件：第一，中国经济的总量在迅速扩张，并成为东亚经济增长的重要稳定力量，作为东亚地区"市场提供者"的地位日益增强；第二，中国的对外开放度不断提高；第三，人民币在周边国家和地区的流通不断增多，具备

了一定范围内的国际可接受性；第四，亚洲金融危机爆发以来，中国货币政策当局负责任的态度使得中国的国际公信力明显提高，同其他东亚国家和地区开展双边或多边协调的能力明显提高；第五，人民币亚洲化的国内制度环境正在逐步得到完善。巴曙松（2003）认为中国应采取务实策略，从边境贸易起步，推动人民币在国际经贸往来中成为结算货币。

陈岩岩等（2005）着眼于人民币国际化战略，分析在一国主权范围内实现货币一体化的可行性，认为在人民币国际化战略过程中，应该首先对人民币、港元和澳元进行整合，在此区域范围内实现货币一体化。由于政治上的障碍，与台湾地区的货币合作短期内是不可行的。李婧（2006）对人民币国际化做出了四阶段设想：边贸和旅游消费中的流通手段阶段，亚洲的存贷资产阶段、投资资产阶段以及储备资产阶段。

周小川（2005）表示，一些国家和地区在与中国贸易中，仍习惯采用美元结算，但选用本币结算渐渐多起来，中国也要适应和鼓励这一趋势。在双边贸易中使用人民币并带动人民币在周边国家和地区流通，这是人民币国际化一个步骤。蒋万进（2006）认为国际化是人民币的必然选择，但人民币国际化是一个自然发展和不断成熟的过程，在这个过程中还存在许多不确定的因素。资本项目全面开放之前，人民币国际化可考虑在以下几个方面进行：（1）进一步扩大人民币在与周边国家和地区投资及双边贸易结算中的范围，把在周边国家和地区、东南亚华人比较多的地区实现人民币国际化作为近中期的阶段性目标；（2）充分利用香港和澳门与内地紧密的经贸关系，推动人民币国际化；（3）继续积极稳妥地推进区域货币合作，加快资本项目下的人民币可自由兑换进程；（4）继续稳妥地推进中资金融机构在境外的人民币业务；（5）进一步建立健全人民币跨境流动监测制度。李稻葵（2008）认为完全可以采取一种双轨制的步骤，充分发挥境内、境外两个市场的作用，包括在境内实行有步骤、渐进式的资本账户下可兑换，逐步改善金融市场的运作效率；在境外充分运用香港的优势，尽快扩大人民币证券市场规模，推进人民币国际化的进程。赵锡军（2009）认为金融危机之下人民币国际化机遇大于挑战。中国应抓住机遇，创造条件，积极推进人民币国际化进程。

第3章

各国货币国际化经验

货币国际化的过程实际上是不同货币之间相互竞争的过程，历史表明，在不同的时期，总有一种主导货币会作为国际交换媒介和价值储藏手段而支配其他货币。例如，19世纪，英国实行金本位并在国际贸易和金融领域确立霸权地位，英镑相应地成为当时的国际主导货币。第二次世界大战后，伴随着美国成为全球最大的经济体，美元兴起，成为国际储备货币。但在20世纪80年代后，美元的地位曾受到德国马克和日元的挑战。本部分就美元、马克、日元和欧元国际化的背景、程度、收益以及经验教训进行分析。

3.1 英镑国际化进程与路径研究

3.1.1 英镑国际化的发展路径

整个19世纪，配合着"日不落帝国"的辉煌，英镑处于国际货币体系的核心地位。英镑是研究金本位制下货币国际化极好的范本。英镑国际化是在全球经济发展极不平衡的情况下实现的。其具体实现路径可以分为两个阶段：

第一，建立币值稳定的英镑体制与维持英镑的可自由兑换。该阶段开始于1696年牛顿重铸银币，虽然该次重铸最终失败，但却催生了英国实行金本位制。1816年6月22日，在利物浦伯爵的主持下，英国议会通过法案，从法律层面正式确立了英国的金本位制度，以"沙弗林"金币作为通货基础，白银被赋予从属地位。

为了进一步保持英镑币值的稳定，1844 年英国颁布了银行特许法，将钞票发行权集中在英格兰银行手中。英格兰银行作为英国的中央银行，其最重要的目标是保持英镑的稳定性和可兑换性。为了实现英镑的可自由兑换，英格兰银行选择保持低储备以维持自由黄金市场的有效运行。

为了保证英镑的可自由兑换性，进一步增强持有英镑的信心，在 19 世纪英国同采用复本位制的欧洲大陆国家主要是法国积极进行中央银行间的合作，应对金融冲击。通过中央银行间的一系列贷款和金银互换合作，有力地增强了英镑币值的稳定，促进了可兑换性，提高了英镑的国际支付能力。

第二，打造与欧洲国家间的自由贸易网络。从 18 世纪中期开始，英国的贸易政策发生了一系列变化，从重商主义转向亚当·斯密的自由贸易主义。斯密在《国富论》中为国际层次上的自由贸易进行了辩护，为英国贸易政策向自由贸易主义转变奠定了理论基础。

随着自由贸易政策在欧洲的推广，英国逐步进入鼎盛时期，稳定的经济和贸易关系为英镑币值稳定创造了极好的外部条件。英国通过适度的贸易逆差和大量的对外投资扩大英镑对国际经济和金融领域的影响力，逐步提升英镑的国际地位，促使各主要工业国纷纷向英镑靠拢，采用金本位制，导致以英镑为核心的国际金本位体系在 19 世纪 70 年代最终形成。可以说，自由贸易政策的全面推广是英镑国际化实现的直接动因。

3.1.2 英镑国际化的影响因素分析

英镑国际化经历了漫长的时期，从拿破仑战争结束到国际货币体系建立有半个世纪之久：首先是建立币值稳定且保持自由兑换的英镑体制，这是其他贸易国长期持有英镑的制度基础；之后便是如何保持英国在国际贸易和国际投资领域的影响力，作为英镑国际地位不断巩固的实力保证；而法国实力的削弱，使得英国具有独霸国际贸易市场的影响力，这为建立以英镑为核心的国际货币体系创造了难得的机遇。英国经济和金融的若干因素与英镑国际化路径的实现息息相关，这种影响尤其体现在英镑国际化信心和实力的增强上。

1. 稳定的中央银行制度和积极的金融创新。英国创立了稳定的中央银行制度，并且积极推动金融创新，促使英国能够率先确立金本位制度并实施自由兑换。

一方面，英格兰银行是保障英镑币值稳定运转的核心。自实行金本位制以来，英国始终以保持英镑的可兑换性为重要目标，1844年颁布的银行特许法，将维持英镑可兑换性的责任交给英格兰银行。英格兰银行利用独家发行钞票的权利，运用再贴现率政策，通过快速变化和有效调节市场利率，影响资金流动和国际收支，其稳健的市场调控手段保证英镑可兑换性的尽可能实现，为英镑赢得了世界各国的信任。

另一方面，英格兰银行在与欧洲大陆各国中央银行间的合作中发挥着重要的作用。在19世纪30年代，为解决英国国内的金融挤兑，英格兰银行从法兰西银行和汉堡银行借来大笔资金，以保持英国国内金融稳定。到了19世纪40年代之后，英国经济优势逐渐明显，英格兰银行开始对外大量贷款，以增强英国在欧洲金融领域的影响力，为英镑的国际化奠定了基础。

2. 产品的贸易优势。开拓国际市场对英国经济优势的取得至关重要。正是由于英国工业品在国际贸易中优势地位的确立，才推动法国在19世纪60年代放弃贸易保护主义政策，与英国联手推动欧洲国家间广泛的自由贸易网，从而为英镑全面国际化创造了有利的外部条件。

从进出口的地区结构来看，英国对外贸易结构可以划分为前后两个发展阶段。前一阶段的主要特征是通向自由贸易，以英法为核心的自由贸易网络的最终建立。期间欧洲是英国的重要贸易伙伴，无论是进口还是出口均占据了较大份额，在欧洲有强大的法国和不断进取的德国，两国即与英国在国际市场上激烈竞争，同时又为英国提供了强有力的产品市场。欧洲之外，英国主要是从北美、印度和西印度群岛进口原材料，工业制成品则大量销往北美。后一阶段是从 19 世纪 80 年代欧洲奉行贸易保护主义开始，为了保护自身经济利益，英国逐渐建立自治领单边关税特惠区。期间欧洲在英国对外贸易中的地位不断下降，加拿大、南非、澳大利亚和新西兰等成为英国对外贸易的主要对象。为了保持竞争优势英国在原料进口上主要依托英属殖民地国家，加大了从加拿大、南非、澳大利亚和新西兰等地采购原料。而在制成品出口上，英国也加强了对殖民地各国的市场控制，同时努力向非洲、亚洲和南美市场渗透。自治领单边关税特惠区的建立巩固了英镑的国际地位，使英镑的影响力更加全球化。

3. 持续的国际投资领导者地位。英国对外投资的影响力是英镑国际化的重要影响因素，在英镑国际化的不同阶段表现出不同的结构性特点。在整个 19 世纪，英国是对外投资最活跃的国家，对外投资总量始终处于世界主导地位。而此时其他国家中仅有法国具有一定规模的对外投资，其对外投资总量仅相当于英国的一半。之后，由于各工业国家的不断崛起，英国对外投资的垄断地位不断下降，但其在海外投资上的巨大影响力长期保持，直到受到两次世界大战的冲击才有所逆转。海外投资是英国海外收入的最大来源，每年可观的利息收入不仅能弥补进出口的差额，而且还剩余大笔资金进行海外再投资。因此英国有能力在巨额贸易逆差情况下，建立起看似不可动摇的国际收支顺差，这为英镑确立稳定的国际货币地位提供了重要保障。

3.1.3 对英镑国际化的经验总结

纵观 19 世纪英镑国际化的进程，其国际化的实现直接导致了国际货币体系的形成，将原先独立的各国货币逐步纳入以英镑为核心的国际货币体系。通过对英镑国际化路径和影响因素的研究，本书对金本位体制下货币国际化的实现进行了如下的总结：

首先，建立币值稳定的货币制度和发达的金融市场，是英镑国际化的制度基础。英国最早建立了以币值稳定的为核心目标的金本位制度，并且凭借英格兰银行的优越地位，运用再贴现率政策调节短期资金流动，影响国际收支，实现英镑的持续可兑换性。同时，充分利用金融创新，扩展国内金融市场的容量和活力，使得伦敦成为 19 世纪最发达的国际金融中心。稳定的货币制度和发达的金融市场使得英镑相对于其他货币更加善于应对金融冲击，在很大程度上增强了其他国家长期持有英镑的信心，为以英镑为核心的国际金本位制度的建立提供了制度保障。

其次，建立以英国为核心的自由贸易网络，是英镑国际化的实力保障。英镑国际霸权的实现主要依赖于以英国为核心的国际生产体系的建立，并在此基础上逐渐形成以英国为核心的自由贸易网络。通过钢铁、纺织等行业中的一系列重大技术突破，英国逐渐取得了全球工业生产领导者的地位，并借此建立了以英国为核心的国际生产体系，该体系在英镑国际化的过程中发挥着非常重要的作用。一方面，英国通过技术领先控制了欧洲的工业品市场，并在欧洲各国实现工业化以后，迫使它们加入了以英、法为核心的自由贸易网络，最终促使英国在 18 世纪后期进入全盛时期；另一方面，英国通过其庞大的殖民体系，控制了以加拿大、澳大利亚、新西兰为代表的多个殖民地国家，借机将英镑推向更为广阔的区域。同时，巩固的殖民体系在英国经济出现下滑的时候，还使各殖民地国家纷纷主动向英国靠拢，为英镑国际地位的持续稳定提供了保障。因而，以英国为核心的自由贸易网络的形成对英镑国际化至关重要，在一定程度上可以说，英镑国际化的实现实际上就是英国贸易霸权在金融领域的体现。

再次，法国实力的削弱为建立以英镑为核心的国际货币体系创造了极好的机遇。英法之间的征战持续了百年之久，拿破仑战争法国的战败，最终确定了英国的霸主地位。英国极好地把握了法国实力削弱的机会，不断增强自身的经济实力和国际影响力。

从上面的分析可以看出，英镑国际化模式是通过贸易霸权实现货币国际化的极好范例。但是，纵观当前更为复杂的国际环境，各国间的经济竞争更为激烈，已呈现出明显的多元化趋势，英镑实现国际化时的单边国际经济格局已不复存在。因此，一国单纯依靠贸易优势已很难实现本币的国际化。

3.2 美元国际化进程与路径研究

3.2.1 背景

19世纪，美国开始工业革命。南北战争后，资本主义工业在美国本土获得了全面的发展。20世纪初美国开始成为全球经济大国，并出现花旗银行、美孚石油公司、摩根公司等一批工业巨头。两次世界大战，欧洲与日本受到战争的摧毁，特别是英国，经济一落千丈，已经失去世界经济中心地位。而美国不仅避免了战火的破坏，相反通过战争加强了自身的经济实力，并积累了财富，一跃成为首屈一指的经济大国。第二次世界大战结束时，美国的工业制成品占世界制成品的一半，对外贸易占世界贸易总额的1/3以上；国际投资急剧增长，并成为欧洲最大的债权国；更为重要的是，美国持有黄金和外汇储备约占全球70%。因此，无论在政治、军事还是经济领域，美国均已成为全球最有影响力的国家，正如"欧元之父"蒙代尔所说，"关键通货是由最强的经济实体提供，这是一个具有历史传统的事实"。因此，美元取代英镑成为核心国际货币是必然趋势。

3.2.2 布雷顿森林体系的建立与美元国际化

进入20世纪后，黄金作为全球金本位货币体系核心的弊端逐渐暴露出来。黄金局限性在于其供应速度跟不上经济发展速度，这使得全球金本位货币体系变得不稳定，尤其是在第一次世界大战期间各国对黄金实行严格管制，切断了纸币与黄金的兑换，金本位制逐步退出历史舞台。其间，在一段时间内出现了金块本位制和金汇兑本位制，但被1929年的全球经济危机摧毁：英国在1931年、美国在 1933 年相继放弃金本位制，国际货币体系一片混乱。

全球货币体系的混乱及其对经济的冲击，使得重建国际货币体系成为一项十分重要和紧迫的任务。1944 年 7 月，来自 44 个国家的代表出席了在美国新罕布什尔州布雷顿森林城召开的国际金融会议，并达成布雷顿森林协议。以美国"怀特计划"内容为主的《国际货币基金组织协定》得以通过。美国凭借其经济实力、黄金储备和综合国力，初步获取了战后国际金融领域的霸主地位。

布雷顿森林体系的主要内容是：（1）建立一个永久性的国际金融机构，即国际货币基金组织（IMF），以促进国际间政策的协调；（2）实行以黄金——美元为基础的、可调整的固定汇率制度；（3）实行国际收支调节；（4）取消对经常账户交易的外汇管制，但对国际资金流动仍进行限制。可以看出，布雷顿森林体系在本质上建立了以美元为中心的"双挂钩"兑换体系，美元发挥世界中心货币的作用。在这一体系中，美国承诺以 35 美元/盎司的价格自由兑换黄金，但这种自由兑换仅局限于中央银行。同时，成员方承诺本币与美元保持固定汇率关系，称为官方汇率。因而布雷顿森林货币体系又被称为美元本位制的货币体系。之后在布雷顿森林体系安排、全球对美元需求和美元输出等措施的共同推动下，美元在20 世纪 50 年代成为全球关键货币，与黄金共同成为世界各国主要的储备资产。

3.2.3　美元国际化的影响因素分析

从上面的分析可以看出，在布雷顿森林体系时期，各国持有美元的信心基础来自于制度化的美元——黄金兑换机制。但是在布雷顿森林体系瓦解以后，国际社会对美元的信心来自于美国金融强国地位的确立和美元国际计价货币、交易货币和储备货币等职能的全面增强。美元国际化的实力保证是美国持续在国际贸易和国际投资领域的影响力，以及美国金融强国的地位；同时，机遇对美元国际化的实现也很重要，正是由于两次世界大战削弱了英帝国和欧洲集团，而苏联的解体更使得美国成为世界上唯一的超级大国，对这几次机遇的有效把握最终确立了美元的霸主地位。本书这里重点分析的是 20 世纪 70 年代之后美元是如何重新确立其国际货币地位的。

1. 国际贸易优势地位的确立及变化。布雷顿森林体系瓦解以后，为了巩固美国在国际贸易中的地位，重新确立世界各国对长期持有美元的信心，美国在对外经济关系上采取了一系列调整措施，包括加强同欧洲的经贸联系、开拓亚洲新市场、控制石油资源的定价权等。通过一系列新措施，国际贸易进一步趋于活跃，美元的国际地位得到了巩固。

这期间值得关注的是，美国将中美贸易合作作为增强美元国际影响力的重要措施。随着中国经济的快速发展，中美经贸合作不断深入，亚洲区域在国际贸易中对美元的依赖性不断提高，这极大地增强了美元作为交易货币的作用。

2. 国际投资优势地位的确立及变化。第二次世界大战之后，美国一直保持对外投资优势，但随着欧洲经济的恢复，美国对外投资与外国对美投资总量之比不断下降，到 1980 年下降到 1.7∶1。美国私人资本对外投资十分活跃，到 1980 年累计对外投资达到 7010 亿美元，远远大于国外私人对美投资水平。并且美国对外直接投资持续活跃，在 1980 年代之前的 20 年里，占 GDP 份额保持在 7% 左右的水平。同期外国对美直接投资有了较大发展，但仍大大低于美国对外直接投资的水平。从 20 世纪 90 年代开始，外国对美投资在总量上明显加强，使得美国在资本项目出现明显的顺差。到 2007 年累计投资达到 2.4 万亿美元，仅 2007 年当年的顺差规模达到 7678 亿美元。从投资结构来看，外国官方投资占据较大份额，2007 年时达到 16.6%，且主要是用于购买以美国国债为主的政府债券，可见这部分的顺差不仅没有削弱美国对外金融影响力，反而增强了对外的金融控制能力。

由此可见，当前美国对国际资本的控制能力已经大大提升，由以前的直接生产型控制，扩展到金融领域甚至控股控制，美国资本的影响力扩展到全球经济的各个环节，因而生产和服务贸易的逆差并不能反映美元对国际经济的影响力的削弱，反而增强贸易顺差国对美国经济和美元的依赖性，为了保持美元稳定而不得不大量购买美国国债等政府债券。可见美元霸权已由贸易霸权转变为金融霸权形式。

3. 金融创新的深化。美国的金融体系在 19 世纪和 20 世纪前期经历了一系列的调整和变革，到第二次世界大战以后已真正趋于成熟，推动美国经济走向新的繁荣。从 20 世纪 70 年代开始，美国金融业进入高速发展阶段。布雷顿森林体系瓦解之后，美国经历了持续的经济波动，给金融系统带来了极大的冲击。美国政府采取了一系列限制垄断的政策，为那些新进入的、较少受到管制的金融中介带来了发展机遇。商业银行、互助储蓄银行和人寿保险公司所拥有的金融资产份额不断下降，而互助基金和保险基金占据份额不断扩大，货币市场互助基金、抵押入股以及证券化的贷款快速增加。在这时期，金融部门最为重大的转变是证券化范围不断扩大，不可转售的资产大量转换为有价证券。像住房抵押贷款、自助贷款和信用卡应收账款，都以证券组合形式出现，被当作证券在二级市场买卖。更为关键的一个因素是，计算机自动化颠覆了已经建立的投资银行、券商和交易所的布局，推动了证券市场迅猛发展。投资银行也在 20 世纪后期快速发展，不断推动大企业间的兼并和收购浪潮。金融创新的不断深入，极大地提升了美国金融中介捕捉市场机会和抵御市场风险的能力，增强了美国金融市场的投融资能力。同时通过对外投资，不断加强对欧洲发达金融市场的控制能力，逐渐形成以纽约为核心的国际金融市场，为美元霸权提供金融实力保障。

3.2.4　对美元国际化的思考

美元国际化是继英镑之后进一步发展起来的高级形式，是在国际货币体系和国际金融体系走向成熟之后得以确立的。通过对美元国际化背景和影响因素的研究，本书对美元国际化的实现有以下几点思考：

首先，建立币值稳定的货币制度和发达的金融市场，是美元国际化的前提和基础。美国在 20 世纪初期就确立了金本位制度，随后为了防范金融危机的发生，在 1913 年建立了联邦储备体系，通过该体系维持金本位体制下的货币可兑换性。同时美国政府对金融创新的鼓励极大地促进了国内金融市场的繁荣，特别是资本市场的繁荣发展，导致金融市场规模迅速膨胀，最终促使纽约取代伦敦成为最大的国际金融中心。因此，稳定的货币制度和发达的金融市场，极大地提升了美元的国际影响力，为以美元为核心的国际金本位制度的建立和巩固奠定了基础。

其次，对重大历史机遇的把握，是美元国际化成功的关键。两次世界大战极大地削弱了英国和欧洲，使得美国一跃成为综合国力最强大的国家。欧洲长时间的战争使得英镑无力继续担当国际货币，这就为美元的崛起创造了条件。美国主导的布雷顿森林体系彻底推翻了对英镑体系。到了 20 世纪 70 年代，随着主要竞争对手苏联集团的瓦解和之后苏联的解体，美国再次抓住机遇，建立了以美国为核心的国际经济新秩序。可以说，对数次机遇的有效把握，是美元替代英镑体系最终确立其核心地位的关键因素。

再次，巩固以美国为核心的自由贸易网络，是美元国际化的重要保障。借助技术优势和战争对需求的刺激，到第二次世界大战结束，美国一跃成为最强大的工业生产国。为了提升自身的核心地位，巩固美元霸权地位的需求基础，美国积极推动战后全面自由贸易体系的建立。布雷顿森林体系瓦解之后，美国大力推动美中经贸合作，扩大了美国在亚洲区域的影响力，增强美元在国际贸易结算中的作用。第二次世界大战后以美国为核心的自由贸易网络的建设，巩固了美国在国际贸易中的优势地位，成为美元国际化的重要保障。

最后，构建以美国为核心的发达国际金融市场，实现美国的金融霸权，是美元国际化的显著特点。美元国际化形式同英镑相比最大的区别在于美国建立了以自身为核心的发达的国际金融市场和国际金融组织。在贸易霸权的基础上，通过一系列金融创新和完善的基础设施，美国逐渐建立了世界上最为开放和宽广的金融市场。借助发达的金融市场及对外金融和控股投资，美国逐渐掌握了国际金融和资本市场运行规则的制定权，建立了以美国为核心的发达的国际金融市场，最终实现了美元由贸易霸权向金融霸权的升级（图 3－1）。

　　从美元模式和英镑模式的重大差别中能够看到，当前的国际金融市场已经相当发达，美国通过掌握国际资本市场和各种金融产品市场的话语权牢牢树立美元的霸主地位，因此其他货币短期内要通过金融扩张同美元争夺霸主地位是相当困难的。但是，这一点却坚定了我们的信念，金融发展是货币国际化的重要前提。要想实现人民币的国际化必须建立发达的金融市场体系，并实现金融市场的全面对外开放，扩大资本在国际金融市场影响的深度和广度。

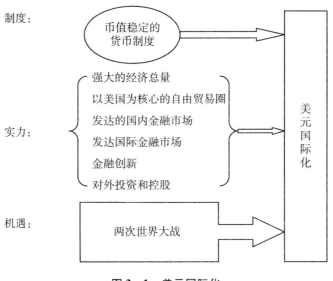

图 3－1　美元国际化

3.3　日元的国际化

　　1955～1973 年日本经济进入高速增长期，经济年均增长 9.8%。近 20 年的高速经济增长，使得日本经济实力不断壮大，在 20 世纪 60 年代就逐步超过英国、法国、德国，短短的时间内成为西方国家中仅次于美国的第二大经济强国。在经济高速增长时期，日本的贸易顺差不断扩大，日本政府开始推动贸易自由化、外汇自由化。外汇自由化的最初措施是 1960 年设立的"非居民自由日元账户"，它实现了日元的局部可兑换。1963 年日本加入关贸总协定（世贸组织前身），1964 年日本又成为国际货币基金组织第八条款国，实现了经常项目可自由兑换。至此，日元开始被用于部分国际结算，日元向货币国际化方向迈出了重要一步。

布雷顿森林货币体系崩溃后，日元走上了长达 20 多年的升值之路，也逐步成为了国际货币之一，日元仅次于美元、德国马克，是世界第三大国际货币。1973 年以来，尽管日本经济的增速放慢，多数年份的经济增速低于美国，但日本长期持续的国际收支顺差，加上金融自由化不断发展，使得日元兑美元汇率一路上涨，从 1973 年初的 300 日元 1 美元，上涨到 1995 年的最高点 80 日元 1 美元。进入 21 世纪，日元兑美元汇率基本上在 105 日元 1 美元 ~ 120 日元 1 美元的区间波动。20 世纪 90 年代经济泡沫的破灭，将日本带入了 10 多年的经济低潮期，给日元的国际地位受到了较大的不利影响。

日本政府采取了"单边推进"的模式来推进日元的国际化进程。这一模式最大的问题是缺乏国际间的制度安排，即日本独自推进国际化，而没有签订可以得到其他国家协助的国际协议。20 世纪 70 年代日本是全球最大的贸易顺差国，利用出口优势换取了大量的美元，而在进口时使用日元的机会并不多。为了使其他国家非居民能够获得和使用日元，日本利用雄厚的资金优势，开始向中国等亚洲国家进行大量的日元贷款，并使用日元进行大量的直接投资。1972 ~ 1982 年，日本对东盟五国的直接投资总计为 101.66 亿美元，1960 ~ 1978 年，日本向东南亚提供政府开发援助总额为 35 亿美元。日元依靠这些援助和贷款，加之日本大力推动贸易国之间使用日元结算，其在亚洲国家得到了广泛的使用，包括国际贸易、直接投资和跨境贷款等领域，日元在亚洲成为了区域货币。日本进、出口总额的 14.5% 和 37.5% 是按日元结算的，分别比 1980 年提高了

12.1 和 8.1 个百分点；1990 年，日元在世界各国的外汇储备中的比重为 8.0%，低于美元的 50.6% 和德国马克的 16.8%，稳居第三。同时在全世界外汇交易中，日元的比重为 13.5%，与德国马克持平，当时美元占 45%，英镑占 7.5%，瑞士法郎占 5.0%。

日元在广场协议后，拉开了不断升值的序幕。1985 年 2 月~1988 年 11 月，日元对美元升值幅度高达 111%：1990 年 4 月~1995 年 4 月，升值 89%：1998 年 8 月~1999 年 12 月，升值 41%。长期大幅度升值之后，给全球很多持有日元资产的投资者造成了日元未来一定要贬值的心理预期，所以各国就开始纷纷抛售日元资产，导致日元大幅度的贬值。

在 1997 年爆发的东南亚金融危机中，日本抽回在东南亚的资金，同时实行日元贬值政策，以缓解金融危机对日本的负面影响。日本的这种逃避举措，导致东南亚国家对日元失去了信心。为了挽回东南亚国家对日元的信心，日本再次开始加大对其贷款，希望重新加大日元在东南亚的影响力，但这之后由于日元波动太大，日元贷款低利率的优势不足以弥补借款人汇率上的损失，使得东南亚国家向日元贷款的积极性不高。

20 世纪 90 年代以后，由于经济泡沫的崩溃及长期经济停滞的影响，从 1993 年一直到现在，日本的平均经济增长的速度在 1% 左右，很多时候是负增长。这种经济的低迷使得日本经济全球化和金融国际化严重受挫，日元国际化出现了停滞和倒退的局面。在亚洲，日元汇率的大幅波动以及东亚各国对日本政治上的戒备和疑虑使得日元的国际化未取得进一步的进展。

总之，日本曾经通过鼓励国际贸易结算使用日元，以及通过境外直接投资和优惠利率境外贷款等方式大量输出日元，推动了日元的国际化进程，这些方法是成功的。但是由于日元汇率的波动较大以及亚洲国家对日本缺乏信任感，导致日元的国际化程度停滞不前，根本无法撼动美元作为国际货币的霸主地位，也远远的落后于欧元。

3.4 德国马克的国际化

据《德国货币与经济》统计，1948 年的工业生产总额，英国达 173 亿美元，德国只有 104 亿美元；而出口总额中，英国为 66 亿美元，德国只有 11 亿美元。但是，10 年后，联邦德国的工业生产总值已上升为 10 年前的 2.6 倍，达 273 亿美元（英国为 211 亿美元），出口增长了 8 倍，达 88 亿美元（英国为 90 亿美元），联邦德国已在欧洲区域内称雄。在 1950 ~ 1957 年，欧洲经济合作组织的货币储备增加了 65 亿美元，其中联邦德国的储备增长达 50 亿美元。从 1960 ~ 1990 年的 30 年间，联邦德国的对外贸易几乎无一例外的保持盈余，且规模在 1965 年后逐步扩大；马克对美元的名义汇率从 4.17：1 升值到 1.49：1。贸易盈余和马克升值并驾齐驱，持续的贸易盈余不断推动马克进一步升值。鉴于雄厚的经济实力和地理优势，马克从区域化到国际化的进程理所当然。

1. 第二次世界大战后联邦德国经济实力增强。马克的崛起和第二次世界大战后德国经济的恢复直接相关。第二次世界大战后，联邦德国受益于"马歇尔计划"，集中精力发展经济，期待实现日耳曼民族的复兴。到 1970 年，联邦德国的经济总量已经反转成为英国的 1.5 倍。

2. 联邦德国与欧洲各国的经贸关系发展。联邦德国的对外贸易和金融合作主要集中在欧洲，这有利于提高德国马克的使用比例。第二次世界大战后联邦德国经济实力的迅速提升，所以很快成为许多欧洲国家的最大贸易伙伴，客观上有利于马克成为欧洲的中心货币。在 1979 年建立起来的欧洲货币体系中，马克很快作为关键货币而出现；在东欧，马克被广泛地用做非官方的并行货币。

3. 联邦德国稳健的货币政策。联邦德国中央银行执行的稳健的货币政策保持了马克稳定的购买力，赢得了市场的信心。根据 1957 年颁布的德意志联邦银行法，中央银行执行法定权利可以独立于政府的指令，这就保证了德国中央银行在承担"实现货币供给预定增长"的责任时可以保持调节货币流通和供给的政策独立性。在设定货币政策目标时，联邦德国中央银行主要参考潜在产出预期增长、经济生产力利用的预期变化、短期内不可避免的通货膨胀率以及货币流通速度预期变化等因素，有利于对货币总量进行更周密的调节与监控，最大限度地保持马克的内外价值。与其他货币相比，马克的通货膨胀率很小。

4. 马克有着稳定的币值，汇率稳中有升。低通货膨胀率和低汇率波动是马克成为国际主要储备货币的根本原因。从 1960 ~ 1980 年近 20 年的时间里，马克平均通货膨胀率为 4%，而同期，日元、美元通货膨胀率均超过了 6%。

马克的国际化不仅得益于国内稳定的物价水平，也得益于稳中有升的汇率水平。在对外价值上，随着德国经济实力的提升，马克也表现出稳步的升值势头。从 1970 ~ 1986 年马克的升值幅度超过了 100%。

值得指出的是，马克的国际化是在联邦德国资本账户未完全开放的条件下进行的。联邦德国政府对资本输入的剩余管制是在 1971 ~ 1989 年逐步取消的，而马克国际化程度的逐渐加深也正发生在这一时期。

3.5　欧元的国际化

欧元的国际化过程就是欧元的诞生过程，大约经历了半个世纪。欧元诞生之后，取代了区域内流通的 12 种货币，成为区域内唯一合法货币。之前 12 种货币在国际储备货币中的份额顺理成章地被欧元取代，欧元就成为了国际货币。欧元作为信用货币其国际化进程是最短的，给世界各国货币国际化指明了一条新的道路：有一定的政治经济基础，让渡货币主权，放弃独立自主的货币政策。采用趋同的财政政策，形成区域共同体，单一货币必须以共同的政治、经济利益为基础，以相近的文化背景为纽带，单一货币区内各成员国须满足最佳货币区理论构建条件，区域经济在世界经济体系中具有较大的影响，在区域货币形成的过程中，有核心货币（德国马克）起主导作用。

3.6　总　　结

从上面对英镑、美元、日元、马克和欧元国际化的过程和经验来看，人民币国际化最有可能效仿哪一种货币的国际化经验呢？首先，曾经的英镑和现在的美元的国际化之路是无法复制的。英镑的国际化是建立在拿破仑战争失败和"日不落帝国"的基础上实现的，美元的国际化是建立在两次世界大战和冷战苏联集团瓦解的基础上实现的。当然，曾经的英国和现在的美国经济实力也是非常强大的，但正是机遇让英镑和美元最终成功了。其次，在可预见的时期内，人民币无法复制欧元国际化的道路。欧元区国家在政治、经济、文化上的差异要比亚洲国家小得多，但仍然用了近半个世纪的时间才推出欧元。可以想象成立"亚元"是一件多么复杂和困难的事情。因此，在当前和平发展的大背景下，人民币只能参考日元和马克的国际化经验，依靠经济规模和贸易规模的增强来加快人民币在区域内其他国家中的使用，提高进出口贸易中以人民币结算的比例，这是当前人民币国际化研究中最重要的问题。

第 4 章

人民币国际化的收益与成本分析

对于一国货币是否有必要走向世界，成为国际货币，是一国决策者需要考虑的重大问题。为此，经济学界利用传统的收益—成本方法分析了货币国际化的收益和成本问题。一般而言，货币国际化的收益除了获取铸币税收入、扩大本国金融收益和政治收益外，还包括影响他国货币政策能力、国际货币市场和全球大宗商品定价权等好处。从英、美、日、德、欧元等货币的国际化进程中可以发现，各国都从其货币的国际地位中获得了诸多好处，同时各国也付出了不同程度的代价。人民币的国际化同样会给我国带来这两方面的问题。

4.1 人民币国际化的收益分析

1. 提升国际地位。Judy Shelton（2000）曾经指出："美元在国际金融体系中的主导地位是美国国家实力最最关键的非军事工具。"易纲（2006）认为，"对于经济大国而言，如果本币不能顺应本国贸易增长的趋势成为计价货币，这就意味着本国货币没有取得与经济总量、贸易总量相对称的应有的国际货币地位。"

从纯政治学角度讲，人民币国际化对我国拥有货币自主权与提高声望两方面的作用显著。货币通常构成国家完整主权的一部分。一国拥有国际货币发行的自主权，将减少对别国的依赖，在发生紧急情况时能够获得流动性支持，保持政治上的独立性。

从历史经验来看，一国货币国际化的过程，也是该国国际地位逐渐提高的过程。随着人民币境外流通范围和规模的扩大，充当的国际货币职能越来越丰富，其国际影响力也会不断提高。人民币国际影响力的提高会提升我国的国际地位。

人民币国际化有助于我国成为金融、贸易和投资大国。首先，人民币的国际化为我国金融业的国际化提供了契机。人民币国际化加快了国内金融改革的步伐，带动国内金融服务的国际延伸，增强了我国金融机构参与国际竞争的能力。其次，人民币更多充当国际贸易结算和计价的手段，有利于我国贸易的发展和对外投资的扩大。

总之，人民币国际化提升了人民币的国际影响力，促进了我国的经济发展，提高了我国的经济实力，必然从整体上提升我国的国际地位。

2. 获得国际铸币税收入。

（1）国际铸币税涵义。伴随国际经济、贸易、投资等的发展，当一国的货币流出国界，作为国际支付、投资、储备手段时，发行该货币的国家由此所获得的资产的收益减去该货币制造和管理费用的余额，即为国际铸币税。值得一提的是，国际铸币税和在本国领土范围内征收的铸币税还是有差别的，政府对本国居民的铸币税是不需要偿还的，国际铸币税从理论上来说，还是面临着他国索回资产的可能，虽然信用货币的价值，在不同时点上，已经发生了变化。

关于国际铸币税收益的测算，学术界并没有形成一致的观点。Cohen（1971）认为国际货币的成本可视为零，其收益来自经常项目和资本项目两个渠道，通过经常项目和资本项目逆差，即可获得国际铸币税收入。姜波克（1994）认为，国际铸币税为货币发行的面值。曹勇（2002）认为国际铸币税为该货币发行国历年国际收支逆差额的现值。陈雨露（2005）认为，非居民持有国际货币有两种形式：一种是现钞形式；另一种则表现为中央银行所拥有的该货币储备资产。其中，非居民现钞持有比例较为有限，大多是居民所持货币流出而形成的。而作为一国官方国际储备的国外央行拥有的储备资产，大多仍投资于货币发行国的银行体系、债券市场等，因此，可以通过国际货币发行国金融体系中的他国央行持有的储备资产扣除通货膨胀率因素，计算得到一国货币的国际铸币税。

（2）美元的国际铸币税收益。自布雷顿森林体系建立以来，美元成为主要的国际货币，在贸易结算、投资支付、国际储备中使用最为广泛，为各国所需并大量持有，世界各国将商品和金融资产源源不断地输送到美国，换回美元信用货币，对美国而言，只需输出信用货币即可无偿享受他国商品、劳务。美元在国外沉淀，年复一年地无偿利用其他国家等额的商品或服务，这就是国际铸币税收益。美元输出的同时，美国还输出了通货膨胀，这意味着在其他国家持有的美元相对贬值，这些国家对美国的要求权价值也会随之下降，国际铸币税收益进一步扩大。当然，美国输出通货膨胀，扩大国际铸币税收益的能力是有限的，通胀使美元作为世界货币的信誉下降，从而使得其他国家选用另外的货币作为国际储备，欧元诞生和其他国际货币的出现成为美元铸币税收益的竞争者。

美元究竟获得多少国际铸币税收益？根据国际货币基金组织的研究报告，1998年外币存款（主要是美元）占货币供应量50%以上的国家有7个，占30%～50%的有12个，占15%～20%的国家数量更多；在东欧和苏联各加盟共和国等诸多转型经济国家中，这一比率高达30%～60%；比率最高的国家为玻利维亚，达82%，土耳其为46%，阿根廷为44%；在阿根廷、玻利维亚、秘鲁和智利等国家，70%以上的银行资产与负债目前都是以美元计价。从美国的角度看，其所有美钞（约4700亿美元）的2/3在境外流通，大约3/4新增发的美钞被外国人所持有。美国经济学家Frankel认为，当前被外国居民、企业和政府持有的美元数量至少占到流通中美元总量的60%，按照这一数字进行推算，每年美国可以向其他国家征收高达120亿美元的铸币税。此外，陈雨露等（2005）对美元所获得的国际铸币税做实证估算，截至2002年，美元国际化而产生的名义国际铸币税受益高达 6782 亿美元。

美元在获得国际铸币税的同时，也承担了一定的风险成本。如果将来由于某种原因，如国际投资者对美国经济或者美元走势出现不利预期，他们就会迅速地将持有的美元转换成其他货币，从而导致美元的剧烈贬值以及美元向美国国内的回流，这就是国际铸币税逆转风险。虽然，通过输出通货膨胀获得的国际铸币税已落入美国人的口袋中，成为美国居民所享受的商品和劳务，但其他部分，毕竟是需要以美国的商品和劳务来偿还的。大量美元的回流不仅意味着国际铸币税总量减少，还有可能增大美国国内的通货膨胀压力，导致美国国内经济的波动甚至可能引发经济金融危机。铸币税逆转风险意味着，美元在享受国际铸币税的同时，也承担着宏观经济状况恶化时的额外负担，这构成了国际铸币税的成本。

（3）人民币国际铸币税。现阶段，人民币流出途径主要有包括下几种：第一，边境贸易进口支付；第二，境内居民出境旅游、探亲消费支付；第三，境外投资、项目承包；第四，境内居民境外其他支出等。而人民币回流的途径，主要有：第一，出口时对方以人民币结算；第二，境外居民入境旅游；第三，通过银行体系回流境内。

目前，我国与周边国家的贸易具有"金额小、数量大"的特点，因此通过贸易途径流出和回流的数量难以估计。而且有大量的人民币是通过非法途径流出和流入，更加难以准确统计。因此，测算当前人民币的铸币税收入存在很大困难。

3. 人民币国际化进程中外汇储备收益研究。

（1）适度外汇储备规模理论综述。

——比例法。美国经济学家特里芬（1960）认为，排除一些短期或随机因素的影响，一国外汇储备与它的贸易进口额之比，一般以 40% 为适度，低于 30% 就需要采取调节措施，最低不小于20%。当然特里芬分析的国际经济背景是 20 世纪 60 年代以前的情况。20 世纪 80 年代中期，在特里芬观点的基础上，兴起的理论观点认为外债规模与储备规模之间应保持一定的正比例关系，以

40%为宜，即一国应把外汇储备维持在其外债总额的 40%左右。

——成本收益法。20 世纪 60 年代，一些经济学家开始将成本收益分析法运用到储备需求适度性问题中来。Heller 从"收益最大化"的角度来定义储备适度规模问题。Fleming，Landell，MillS 将"成本最小化"作为确定适度储备规模的依据。Agarwal 从"收益最大化和成本最小化的结合点"来衡量最优储备规模，充分考虑了发展中国家的外汇短缺、必需品进口的不可压缩性、存在资源闲置问题等特点，使该模型切合发展中国家储备需求的实际。

——需求函数分析法。20 世纪 60 年代后半期，Flanders，Frenkel，Iyoh 等经济学家运用经济计量技术，对影响一国储备需求的各种因素进行多元回归分析，并针对发达国家和发展中国家的不同国情，构造不同的储备需求函数以确定外汇储备适度规模。

——定性分析法。Fritz MaChlup（1965）提出外汇储备需求的"衣柜效应"，认为一国外汇储备越多越好。当然，他忽视了持有外汇储备所付出的机会成本。Carbaugh，Fan 等经济学家认为，影响一国外汇储备需求量的因素包括六方面因素：一国储备资产质量；各国经济政策的合作态度；一国国际收支调节机制的效力；一国政府采取调节措施的谨慎态度；一国所依赖的国际清偿力的来源及稳定程度；一国国际收支的动向和一国经济状况等。日本经济学家酒井健三认为，一国外汇储备应充分考虑其国际收支、国内经济状况和提供国内信贷机构的实际情况。

（2）我国外汇储备收益分析。

——增强金融安全保障。雄厚的外汇储备使中央银行有足够的外汇资金在外汇市场上吞吐，增强了我国对浮动汇率的管理能力和宏观调控能力，使人民币汇率抵抗冲击的能力得到保证。20 世纪 90 年代末的亚洲金融危机，除了相关国家经济基本面的因素，国际投机资本对固定汇率制度的恶意冲击是促使危机发生的关键因素。从这一角度而言，一国外汇储备越多，居民对该国信用货币的稳定就越有信心，就越能防止货币替代、货币危机发生。当前，在金融全球化的背景下，对于发展中国家，外汇储备除了传统意义上的满足进口、支付债务和干预汇率功能，其首要意义在于保持信心，对于中国这样一个日益走向开放，但金融业发展水平尚较低、金融体系尚未完善的经济体来说，保持充足的外汇储备有着重要的意义。

——财富收益。我国外汇储备投资在保证安全性、流动性的基础上，兼顾投资收益。总体上，国家外汇资产可以划分为两个部分。第一部分为流动性部分，为国家外汇资产的主体，其投资对象主要集中于发达国家的高流动性和高安全性的货币工具和政府债务上。虽然，从 20 世纪末期以来，投资币种逐步实行多元化，包括外汇存款、购买美国政府证券等。目前，中国已成为全球各国中持有美国国债数额最大的国家。自 90 年代以来，美国国债加权名义收益率约 4%，实际收益率 0.7% ~ 1.7%。第二部分为投资性部分，投资于收益性更高的金融资产上，主要用于贯彻国家对外发展战略调整，在海外购买国家发展所需的战略性资源、设备和技术，或者在海外进行直接投资，或者购买具有一定风险的金融产品等，目前相对份额仍很小。近年来，我国净投资收益不断上升，投资收益流入增长迅速。在中国的国际收支统计中，中国的投资收益包括"直接投资项下的利润利息收支和再投资收益、证券投资收益和其他投资收益"。考虑到中国对外投资中官方证券投资占主导地位，可以合理地推断，中国投资收益大幅上升与中国对外资产规模不断扩大（主要是外汇储备增加）密切相关。

4. 减少汇率风险，降低交易成本，弥补结算手段的不足，促进国际贸易。

（1）减少汇率风险。近年来，人民币对美元不断升值，使得外汇储备大幅缩水。对外贸易的快速发展使外贸企业持有大量净外币债权，汇率波动会对企业经营产生一定的不良影响。人民币国际化后，国际结算和对外投资过程中要更多地使用人民币。这样外贸企业面临的汇率风险就会减少，国家外汇储备过多的状况也可以得到改善，降低了由于汇率的波动造成的损失。

（2）降低交易成本。1994 年我国实行汇率并轨，强制实行结售汇制度，从而使企业不能按预期存储外汇，只能卖给外汇指定银行，需用用外汇时，又得从银行购汇；而外汇指定银行则按照当日央行外汇牌价为基础，加减一定的点数，贱买贵卖，从中赚取差价。这就增加了企业的交易成本，在一定程度上阻碍了对外贸易的发展。人民币国际化后，在对外贸易和投资中，将更多地使用人民币结算，这就大大降低企业因使用外币而增加的交易费用。

（3）弥补交易手段的不足。目前，对于那些我国与其贸易为顺差的一些国家，普遍存在着国际贸易外汇短缺、国际贸易结算手段不足的现象，这在一定程度上限制了对这些国家的贸易发展。

加大与这些国家贸易中的人民币结算比例，有助于缓解双边交往中结算手段的不足，推动和扩大双边经贸往来。另外这些国家多为自然资源丰富、市场供应短缺的国家，与我国自然资源短缺、市场供应过剩的经济有很大的互补性。

4.2　人民币国际化的成本分析

1. 金融业的对外开放加大了爆发金融危机的风险。一国货币国际化必然要经历本国金融自由化和资本账户对外开放的过程。从世界各国金融自由化和资本账户开放的经验来看，一国金融业对内和对外开放加大了该国金融业风险，自布雷顿森林体系结束以来，世界各国先后爆发数 10 次金融危机，不少国家遭受了金融危机或经历了金融危机的考验。其中规模较大、影响范围较广的有 20 世纪 80 年代拉美债务危机，90 年代欧洲金融危机、墨西哥金融危机、亚洲金融危机，以及 2008 年由美国次贷危机引发的全球性金融危机。金融危机对一国经济、金融业健康发展形成重大冲击，在爆发金融危机的国家，大多出现汇率贬值、企业破产、银行倒闭、失业率上升、经济增长明显放缓等情形，有些国家多年后仍难以从中恢复元气。从金融危机趋势来看，全球金融危机呈易发、高频率、强破坏力、大范围趋势。因此，防范金融危机成为世界各国尤其是开始金融自由化的国家高度重视的课题。中国作为新兴市场国家中的一员，在推进人民币自由化的过程中，有必要对金融危机的不利影响、内在成因有充分地认识，总结规律，有效防范危机发生。鉴于墨西哥金融危机发生于拉美中等收入国家，东南亚金融危机主要发生于亚洲发展中国家，对我国金融危机防范尤其有借鉴意义，以下着重就这两项金融危机背景、成因和过程作简要分析，以期从中归纳出具有共性的值得借鉴的危机防范经验。

（1）墨西哥金融危机。1994 年墨西哥国内政局动荡，经济增长乏力，大量投机资本纷纷外逃，金融市场不稳。墨西哥政府迫于外汇储备压力，宣布比索对美元贬值。之后，资金外逃现象更加严重，墨西哥政府被迫允许比索自由浮动。比索进一步贬值，由贬值前的 1 美元兑 3.4647 比索跌至的 1 美元兑 5.65 比索，跌幅高达 63%，更多的外资逃离墨西哥。与此同时，墨西哥股市也大幅度下跌，跌幅达 42%。形成一场震惊全球的金融危机。

墨西哥金融危机发生的最主要原因就是金融自由化步骤过快导致金融风险积累。20 世纪 80 年代末，墨西哥大力推行金融自由化。1990 年开始放松对存款利率和贷款利率的管制，废止强制性银行储备金要求，并不再向国有企业提供低于市场利率的信贷。1990 年，国会修改了宪法，允许银行私有化，7 月 1 日颁布《金融集团法》明确规定：私人资本可以拥有墨西哥银行的多数股权；个人和机构的所有权比重不超过 5%（在政府的特批下可提高到 10%）；外国投资者的所有权比重可达到 30%。1991 年上半年至 1994 年 1 月，所有国有银行全部被私有化。金融自由化使墨西哥金融体系更加脆弱。

（2）东南亚金融危机。1997 年 7 月 2 日，在国际对冲基金冲击下，泰国政府与金融当局宣布，放弃盯住汇率制度，实行浮动汇率制。泰铢当天下跌了 20%，随后泰铢贬值 48% 左右。菲律宾、马来西亚、新加坡、印度尼西亚、缅甸等国的货币呈"多米诺骨牌效应"大幅下跌。在此危机影响下，东南亚多个国家及韩国、日本先后发生企业、银行和证券公司破产事件，引起股市、汇市大幅度下降，发生严重金融动荡。危机对拉美国家、甚至是欧美金融市场形成冲击，造成"全球性"的影响。

东南亚金融危机的形成原因有很多，包括国际收支失衡、金融监管不力等。但最重要的一个原因就是金融自由化和金融对外开放的步伐太快。20 世纪 80 年代以后，东南亚国家相继放松对银行业务的管制，实行利率自由化，如印度尼西亚 1983 年 6 月颁布政策，允许银行自主决定利率，废除信贷最高限度。菲律宾、印度尼西亚、马来西亚等国早在 1986 年就完成了资本账户的开放。泰国从 1993 年开放资本账户，允许外资在银行最高拥有 25% 资本，在金融公司可达 49%；1997 年，投机者们利用泰国资本账户开放这一便利条件，从泰国商业银行大量借入泰铢，对泰铢发动攻击。

从上面的分析来看，引发墨西哥金融危机和东南亚金融危机的一个共同的重要原因就是资本账户放开的速度过快。因此，人民币在国际化的进程中，一定要注意防范资本账户完全放开所带来的风险。

2. 货币政策调控的难度加大。人民币货币国际化需要以人民币自由兑换的支持，而人民币自由兑换则需要以资本项目开放为前提。在当前资本项目管制的情况下，生产性国际资本进出得以允许，而投机性国际资本在较大程度上则被禁止，虽然游资仍然可以通过虚假性贸易等多种渠道潜入我国，毕竟游资主体被挡在国门之外，金融性冲击的力度得以大幅消减。但是，资本项目一旦开放，国际资本出入通畅无碍，政策溢出效应将全面显现，游资冲击还可能进一步放大政策溢出效应。

货币政策时宏观调控的重要手段。在封闭的经济条件下，一国的货币政策只受国内经济变量的影响，货币政策所调控的也只是国内经济；而开放条件下，外部经济变量将对国内经济产生影响，一国在利用货币政策等宏观政策来调节经济时，必须考虑外部经济变量对国内经济产生的影响。人民币国际化后，我国经济将具有"三自由"特征①：人民币的自由兑换性、人民币汇率的自由浮动

---

① 刘力臻，王益明. 人民币国际化下的货币政策效应分析. 税务与经济，2005.4

性、资本的自由流动。由于经济的开放性，资本流动、货币替代等因素会影响到国内货币需求、货币政策传导机制等，从而影响到货币政策的执行效果。

（1）货币需求函数更加复杂。传统的货币需求理论主要有费雪的现金交易说、剑桥学派的现金余额说、凯恩斯的"流动性偏好"理论及弗里德曼的货币需求函数。由于所处的时代，传统的货币需求理论均在封闭经济的框架下进行分析，仅仅考虑国内的经济变量对货币需求的影响。相对其他货币需求函数，弗里德曼的货币需求函数考虑得更全面。作为现代货币主义的代表人物，弗里德曼基本上承袭了传统货币数量论的长期结论；同时，弗里德曼也接受了剑桥学派和凯恩斯学派以微观作为起点和把货币看做是受到利率影响的一种资产的观点。弗里德曼的货币需求函数比较有代表性的公式①是：

$$\frac{M_d}{P} = f(y, w; r_m, r_x, \frac{1}{P} * \frac{d_p}{d_t}; u)$$

其中，$\frac{M_d}{P}$ 表示实际货币需求，y 表示实际收入，w 表示非人力财富和人力财富的比率；r_m 代表货币预期收益率，r_x 表示其他资产的收益率，$\frac{1}{P} * \frac{d_p}{d_t}$ 是预期物价变动率；u 是反映主观偏好、风俗及客观技术与制度等因素。在上述影响货币需求的因素中，y、r_m 与货币需求呈正向关系，w、r_x 与货币需求成反向关系。

当人民币走向开放步入国际化进程后，影响人民币需求的各种经济变量就不仅源于国内还源于国际。人民币国际化下的货币需求函数一个重要的特征是考虑到了国外居民对人民币的需求。国外居民出于追逐利润、资产保值增值、规避风险的目的，也会对人民币产生需求，这部分人民币或者由个人、企业持有，或者通过外汇储备的形式由外国政府持有。

---

① 黄达. 货币银行学. 中国人民大学出版社，1999.

$$M_d = f_1(y, w, r_m, r_{m^*}, r_x, u) + f_2(y^*, r_m, r_{m^*}, r_x, E, u)$$

其中，r_{m^*} 表示外币的收益率，y^* 表示国外居民的收入，E 表示人民币与外币的汇率。式中，第一部分表示国内居民对人民币的需求，第二部分表示国外居民对人民币的需求。

人民币国际化后，央行在制定货币政策时，面临的货币需求函数更加复杂，其不仅要考虑国内居民对人民币的需求，还要考虑国外居民对人民币的需求。这就增大了央行货币供给的难度。如果仅考虑国内的货币需求进行货币供给，由于部分货币会被国外居民持有，可能造成国内银根紧缩，不利国内经济的发展。

（2）货币政策目标实现难度加大。货币政策目标是通过货币政策工具的运用来实现的。如何运用货币政策工具，最终实现既定货币政策目标，既涉及货币政策的传导机制，也与中介指标的选择有关。

货币政策目标是央行利用货币政策调控经济所要达到的目标，包括充分就业、经济增长、物价稳定和国际收支平衡。货币政策工具是包括公开市场业务、再贴现率和法定准备金率等。货币中介指标是央行为了实现货币政策目标，利用货币政策工具调节和影响的指标，包括超额准备金、基础货币等近期指标和利率、货币供给量等远期指标。货币政策的传导机制，就是通过一定的货币政策工具的运用，引起社会经济生活的某些变化，最终实现预期的货币政策目标的过程。

封闭经济下，央行是凭借货币政策工具对国内经济变量的影响来实现既定货币政策的目标。相应的理论，主要有凯恩斯学派和货币学派的传导机制理论。

凯恩斯学派的货币政策传导机制理论，可以归结为：通过货币供给 M 的增减影响利率 r，利率的变化则通过资本边际效益的影响使投资 I 以乘数方式增减，而投资的增减会进而影响总支出 E 和总收入 Y。更直观地可表示为：

$$M \to r \to I \to E \to Y$$

$$M\downarrow \to r\uparrow \to e\uparrow \to Y\downarrow \to P\downarrow$$

$$e\uparrow \to K\uparrow \to M\uparrow \to r\downarrow \to I\uparrow \to E\uparrow \to Y\uparrow \to P\uparrow$$

货币学派的货币政策传导机制理论与凯恩斯学派不同。货币学派认为，货币需求有其内在的稳定性，相对于货币需求，货币供给是外生变量，更强调货币供应量在整个传导机制中的直接效果。

$$M\to E\to I\to Y$$

人民币国际化，经济高度开放，一些在人民币不可兑换、汇率固定和资本管制等条件下发生作用的货币政策，有可能会受到汇率变动、资本频繁流出流入的影响而失效。如果央行欲通过提高利率来抑制国内的通货膨胀，不考虑外部变量的影响，其发生作用的机制如下：

$$M\downarrow \to r\uparrow \to I\downarrow \to E\downarrow \to Y\downarrow \to P\downarrow$$

其中，P 为物价水平。

人民币国际化后，此政策目标可能在以下几方面发生偏离：

——在考虑汇率自由变动和外汇管制取消后，利率变动会通过以下两个途径对国内物价产生影响。

一方面，利率上升引起短期资本的大量流入，本币升值，出口减少，收入下降，结果导致物价进一步下降。

$$M\downarrow \to r\uparrow \to e\uparrow \to Y\downarrow \to P\downarrow$$

其中，e 为汇率。

另一方面，本币升值导致资本的进一步流入，货币供应中外汇占款增多，利率下降，进而导致国内价格的上升。

$$e\uparrow \to K\uparrow \to M\uparrow \to r\downarrow \to I\uparrow \to E\uparrow \to Y\uparrow \to P\uparrow$$

其中，K 为资本流入。

在其他条件不变的情况下，国内价格究竟是上升还是下降，要看出口减少导致的价格下降与因外汇占款的增多导致的价格上升的相互抵消程度。因此，在开放经济下，特别是货币国际化条件下，以高利率控制通货膨胀的效果，具有不确定性，其结果可能会偏离原目标。

——开放经济下，汇率也成为一国货币政策的重要中介指标。考虑币值稳定对一国保持内外平衡的重要性，人民币国际化后，不可能任由人民币大幅或频繁浮动。如保持汇率稳定也是央行的一个重要目标，这就会与抑制通货膨胀的目标发生矛盾，出现实际内外平衡之间的矛盾。

总之，人民币国际化后，货币需求函数变得更加复杂，央行对货币供给量的准确控制难度加大。货币政策工具的使用不仅会对国内经济变量产生影响，同时也会引起对外经济变量的变化；再加上内外经济目标的冲突的影响，加大了货币政策目标的实现难度，甚至导致货币政策失效。

人民币国际化使中国经济与世界经济联系得更紧密，国际金融市场的任何波动都会对我国经济金融产生一定影响。特别是货币国际化后如果本币的实际汇率与名义汇率出现偏离，或是即期汇率、利率与预期汇率、利率出现偏离，都将给"热钱"以套利的机会，刺激短期投机性资本的流动，1997 年亚洲的金融危机就是前车之鉴。人民币国际化意味着境外人民币资金或人民币金融资产将大量增加，假设人民币价值发生不利的波动，境外的人民币资产或资金必然要兑换成其他收益率高于人民币的资产，即使中国采取资本项目管制，也不能阻止这种兑换，这一集中兑换行为势必加大中国人民币汇率的波动，同时回流到中国的人民币资金将增加中国的货币供应量，会削弱央行对人民币的控制能力，影响国内宏观调控政策实施的效果。

3. 经济波动风险加大。三元悖论告诉我们，一个政府不能同时维持汇率稳定、资本自由流动和货币政策的独立，而只能在此项中选择两项。如果人民币是国际货币，中国就只能有一种选择，即资本自由流动和货币政策独立。这是因为，作为一个国际货币发行国这样一个全球经济大国，首先，肯定要有一个独立制定货币政策的环境，保证经济和币值的稳定，否则是不可思议的；其次，作为国际货币发行国，肯定要允许国际资金自由流动，否则就不符合国际惯例的要求，国际货币无从谈起；再次，汇率稳定目标只能相对滞后，这并不是指汇率稳定不重要，毕竟汇率价格稳定是作为国际货币的内在要求，这里"滞后"是指汇率稳定需要通过国际货币发行国以发达的经济体作为基础，在保证货币政策独立和资本自由流动这两个目标的前提下，通过经济体内部的消化，间接地达到汇率稳定目标。

目前，中国想方设法保持汇率稳定的原因是保证国民经济高增长。中国经济对外依存度已经很高，外需对我国 GDP 增速已产生重要影响，在过去 10 年中，通过低汇率政策，促进出口，对 GDP 和就业形成贡献，是很有吸引力的一项策略，这是人民币在内外压力下被迫升值之前，实行低而稳定汇率政策的重要原因之一。反之，如果人民币是国际化货币，那么中国就无法享受选择目前政策目标所带来的实惠，汇率水平就需要由市场决定，GDP 增速和就业率也会受到影响。

随着境外人民币流通量的增加，中央银行对人民币现金管理的难度也将有所加大，人民银行不仅要管理境内流通的人民币，对于境外流通的人民币也需要监测管理。一般而言，货币流通的广度与出现假钞的可能性成正比关系。允许人民币流出境外，人民币自然也容易被当成伪造的对象。如果在国际市场上的人民币假钞泛滥，不仅会给我国造成经济损失，而且会损伤人民币的信誉和地位。因此，随着人民币国际化进程的推进，中国应该提高印钞和防伪技术，并加强对境外银行和其他非居民反假钞的宣传教育，扩大人民币的反假钞范围。

4. 资本大规模进出风险。人民币国际化后，资本国际流动变得更加容易。一定量的资本流动有益于我国经济的发展。投资资本的流入，可以满足我国经济发展对资金的需求，又会为我国带来先进的技术和管理经验。但是，大量的、频繁的资本流动，特别是投机资本的流入，会给我国经济造成剧烈震动。风险主要包括以下几点：

（1）资本流动会对人民币的汇率产生大幅偏离的压力。大量资本流入倾向于增加我国外汇来源，这样，原有的外汇供求态势会被打破，人民币面临升值压力；反之，当资本大量流出时，则可能出现外汇短缺，产生货币贬值压力。

（2）资本流动会对我国资本市场利率产生影响。大量资本流入倾向于增加人民币需求，包括外汇兑换为本币的需求以及相关配套经济活动的货币需求。这样，即使货币政策保持相对稳定，市场利率还会存在上升压力。

（3）资本流动会使国内资产价格出现剧烈变化。大量资本流入往往投资于国内货币市场、证券市场，其结果会导致国内资产价格大幅上扬，甚至出现资产价格泡沫。一旦资本撤出，资产价格便会出现大量"缩水"，并产生"负财富效应"，导致居民消费大幅下降，出现有效需求不足，形成经济衰退。

（4）资本流动导致外汇储备的较大变化。大量资本流出会对外汇储备产生不利影响，一旦这种不利影响被市场预期追逐，便可能发生投机性资金出逃，使我国外汇储备急剧减少，货币面临大幅贬值的压力。为了防止发生货币危机，中央银行可能从维持对外均衡出发，采取提高利率的对策以吸引外资，但这样会极大伤害国内经济。

（5）大量短期资本的流出流入是发生金融危机的导火线。一旦国内出现资本外逃时，预期性的货币贬值压力会向其他经济联系密切的国家传播，造成区域性甚至全球性货币危机和金融危机。

5. 特里芬难题。特里芬难题，最早是由美国耶鲁大学教授特里芬在1960年出版的《黄金与美元危机》中提出的。其最初的含义是指：美国为提供国际结算与储备货币，需要长期贸易逆差；而美元作为国际货币的核心前提必须保持美元币值稳定，这又要求美国必须长期贸易顺差。这两个要求互相矛盾，成为一个悖论。实际上，对于任何货币国际化国家来说，都会面临特里芬难题。

目前中国国际收支的地位是比较强大的，多年的双顺差和大量的储备使中国在为其他国家和地区提供人民币资产时并没有面临以上问题的冲突。在贸易方向上，中国对亚洲出现贸易逆差，但对美国等国家的顺差则稳定了人民币币值。随着人民币进一步国际化，必然会面临因贸易逆差造成的贬值压力与保持币值稳定的冲突。

人民币国际化后难免会遇到和现在的美元同样的难题，即由于其他国家对人民币需求的增加将导致人民币输出和供应量的增加，人民币供应量的增加又会产生人民币汇率贬值的预期。欧元和日元的国际化也存在这一悖论，只是并不明显，欧元区和日本一方面对发展中国家保持贸易逆差，一方面对美国保持贸易顺差，从而抵消了逆差的影响，但欧元和日元的国际化程度远不及美元。美国对发达国家及发展中国家均保持贸易逆差，以逆差途径输出美元流动性，另一方面通过国内发达的金融市场吸收其他国家多余的美元流动性，借此维持国际收支平衡。

中国的巨额外汇储备及国际收支的双顺差保证了国际收支的可持续性，有力地维护了非居民对人民币的信心，但是随着人民币国际化的发展，人民币境外供应量的增长，特里芬悖论也有可能出现。当然，只要人民币没有发展到如美元那样成为国际本位币的程度，特里芬难题的影响就不会很严重，这如同日元、欧元等不是国际本位币的国际货币一样，因为它们的流通范围及境外流通量有限，基本上不存在特里芬难题。

6. 增加了货币需求的不稳定性。稳定的货币需求函数是金融宏观调控的基础，因为它提供了货币总量及相关变量间的可靠的和可预测的联系，而这种联系又是用以确定经济活动所需的目标货币增长的理论基础，因此稳定的货币需求函数是宏观经济政策成功实施的重要保证。具体来说，如果货币需求函数不稳定，利率等政策工具的变化对货币需求的影响就是不确定的，货币政策的作用结果因而也是不确定的。随着我国利率市场化的推进，人民币国际化后，我国的货币政策将更多地利用各种利率对货币需求的影响来调控货币量，因此，研究人民币需求稳定性的变化具有非常重要的意义。

在人民币升值形势下，对境外人民币的管理将成为中国货币当局面临的一个难题。如果人民币国际化，境外的人民币面临两个选择，一是在境外可在指定银行兑换成可自由兑换货币；二是人民币可以特定方式回流到境内。无论哪种情况下，只要人民币利率与外币利率存在差异且人民币升值，均存在套利空间，如果管理不当，将会对中国的汇率甚至实体经济产生不利影响。

国际货币是可以跨越国境在全球充当价值贮存、交易媒介和计价单位的货币。实现货币国际化的国家可以享受一系列好处。其中包括减少汇率风险、提高企业融资效率、提高金融机构的竞争力从而扩大金融产业、推动金融中心建设和获取铸币税等。但是，货币国际化也会带来一系列风险。反对资本项目自由化的论据大都可以用于反对货币的国际化。不仅如此，货币的国际化还可能带来比资本项目自由化更多的危险。正因为如此，许多实现了资本项目自由化的国家（地区）并不一定希望实现本国货币的国际化。

第 5 章

人民币国际化的优势与制约
因素分析

    一种货币国际化的实现对于货币发行国家有比较严格的要求，诸如综合经济实力、国际贸易规模及结构、货币币值以及信誉稳定程度等方面。综合对比这些条件，可以认为人民币已经具备了国际化的一些条件，在某些方面优势明显。目前，人民币在国际储备货币中的比重与中国在国际社会上的地位不相称，人民币尚未实现资本项目的可兑换，并不是国际社会普遍接受的国际货币。人民币国际化是一个循序渐进的动态过程，是我国的国家信用不断提升的过程，是其他国家对人民币需求不断增加的过程。从国内情况来看，人民币国际化处于起步阶段，既存在有利条件，也有很多的制约因素。

5.1　人民币国际化的优势

    一国货币成为国际货币需要具备很多基本条件，包括：货币发行国具有坚实的经济基础；货币可自由兑换；发达的金融市场；货币币值稳定。对照中国的现实情况，能够看出人民币国际化已具备一定的条件。

    1. 中国综合经济实力的增强。历史经验表明，任何一种货币国际化战略的实现都要以其雄厚的经济实力为后盾，其中的一个指

标就是经济总量的大小，即 GDP 的衡量。中国的 GDP 已经保持了
多年的高速增长，从 1980 年的 1894 亿美元到 2010 年的 59266 亿
美元，占世界 GDP 的比重也从 1980 年的 1.78% 上升到了 2010 年
的 9.39%，增速明显。从 2001 年开始，中国的 GDP 总量开始接
近并超过英国、法国以及德国等发达国家，并超越日本，一跃成为
世界第二的经济大国。根据有关研究，世界货币的发行国的经济总
量至少应当达到世界总量的 8%，而我国现在 GDP 在 2009 年突破
8% 达到 8.62%。随着经济总量的上升，中国在世界经济中日益占
据重要的地位。中国雄厚的经济实力、庞大的经济总量将是人民币
国际化最为坚实的基础。

2. 中国国际贸易规模巨大。伴随中国 GDP 快速增长的是国际
贸易的迅速发展，进出口总额从 2001 年的 5096 亿美元上升至
2010 年的 29740 亿美元，进出口也分别从 2001 年的 2435 亿美元
与 2661 亿美元上升至 2009 年的 13962 亿美元与 15778 亿美元，多
数年份的增速都保持在 20% 以上，可以说是始终保持了较高速度
的发展势头。贸易进出口差额在 2008 年以前一直呈现扩大的趋
势，2008 年由于金融危机的影响，进出口总额以及贸易差额都有
所下降，增速也首次出现负数（图 5 - 1）。

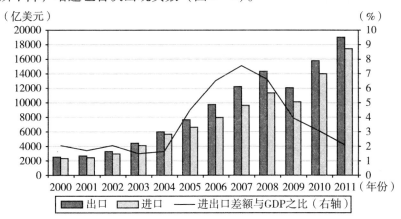

图 5 - 1　2000 ~ 2011 年进出口差额及其与 GDP 之比

资料来源：国家外汇管理局网站。

根据近期的国际收支情况，中国对外贸易总体平衡，近几年对美国、欧盟的贸易呈顺差状态，对东盟等周边国家则是贸易逆差。这样的国际收支结构就意味着中国在同美国、欧盟的贸易往来顺差中赚取外汇，在同亚洲国家（地区）的贸易往来逆差中可以适当推行人民币计价与支付。因为一国货币的国际化都是从与之有贸易逆差的国家入手。中国现在的贸易结构，使得人民币国际化具有了一定的潜在交易需求，尤其是在东亚地区，这是人民币国际化的一个外在推动力。

3. 人民币具有稳定升值的汇率。2000 年以来，中国较为成功控制了通货膨胀，国内物价稳定，对外人民币则处于温和升值状态。人民币的价值稳定提振了非居民持有人民币的信心（图 5 -2）。

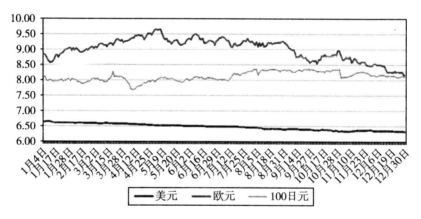

图 5 -2　2011 年人民币对美元、欧元和日元汇率中间价走势

4. 中国具有充足的外汇储备。外汇储备的主要功能在于调节国际收支以实现内外平衡，并对外汇市场进行干预以稳定本币汇率。在开放的经济条件下，充足的外汇储备可以增强一国对宏观经济调控的力度，是一国维护其国际信誉的重要保障，也是一国抵御外部货币冲击的最有效手段，能够有效化解金融危机。所以，充足的外汇储备对于一国的经济金融稳定具有非常重要的意义。

中国是一个发展中大国，虽然人民币在国际贸易计价、支付以及国际储备等职能方面远远落后，但是仍然凭借充足的外汇储备在世界经济中产生了深远的影响。最典型的例子就是在 1997 年亚洲金融危机中坚持不贬值的政策，并且宣布对港元给予无条件的支持。正是充足外汇储备的支持使得港元能够度过金融危机。

近些年来，中国因贸易顺差积累下来大量的外汇储备，从 2002 年就已经超过日本成为世界上官方外汇储备第一的国家，此后仍然在不断快速增加。2006 年 10 月，中国外汇储备就超过了万亿美元大关，不到 3 年时间，在 2009 年 4 月份又突破了 2 万亿美元大关。中国外汇储备总量增加的同时，占全球外汇储备的比重也在加大，从 2005 年的 17.41%一直上升到 2009 年的 26.13%，超过了美国、英国、德国、法国与日本几个主要国家外汇储备的总和（图 5 - 3）。充足的外汇储备使得中国在外汇市场上有足够的实力去实现人民币币值稳定，并且能够保证国际收支平衡，能够为中国经济的发展提供一个安全屏障，能够有效抵御外部逐利资本对人民币的投机性冲击。经济金融的稳定也意味着中国有能力去担当亚洲区域经济金融的稳定器，能够成为亚洲区域金融合作的核心，这也是人民币国际化的一个重要条件。

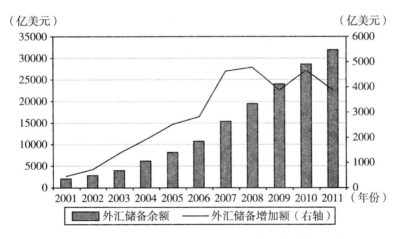

图 5 - 3　2001 ~ 2011 年外汇储备增加额与外汇储备余额

据有关研究表明，近几年中国外汇储备的快速上升除了国际贸易顺差不断扩大引起的外汇收入增加外，还有一个重要的原因就是人民币不断升值的趋势致使大量资本以各种途径进入中国。2005年中国的外汇储备占 GDP 的比重达到 36.84%，此后又呈现出加速增长的趋势，在 2009 年达到了 49.2%，几乎是 GDP 的一半，如此高的比重除了中国香港以及部分年份的马来西亚等少数国家之外，都是很难达到的。比较高的外汇储备占 GDP 比例既说明了一国具有比较强的国际支付能力以及抵御外部冲击的能力，也表明该国货币还没有实现充分的国际化，还不是国际货币。在主要发达经济体中，除了日本之外，其他国家如美国、英国、德国、法国的外汇储备占 GDP 比重一般都低于 5%。日本保持较高的比重的原因，一是长期以来大量贸易顺差，二是日本为防止日元升值而大量购进外汇干预汇率的结果。发达经济体之所以能够持有相对较少的外汇储备，一个重要原因就是他们能够发行国际货币，可以用本国货币去偿还债务、实现国际收支平衡。这也表明通过人民币国际化战略的推行与实现，也可以用相对较少的外汇储备来实现宏观经济内外平衡。外汇储备的充足是人民币得以实现国际化的一个有力保障，对过于庞大的外汇储备负担的解除则是人民币实现国际化的另一个重要激励。

5. 中国拥有较高的偿债能力。充足的外汇储备从支付供给的角度说明了人民币国际化具有比较有力的保障，而中国同时还拥有比较低的对外债务依赖程度，从另一个侧面维护了人民币的币值稳定与国际信誉。衡量一国外债风险程度的指标有政府及政府担保外债占出口比重、债务率、短期债务比重、偿债率、外债本息占 GNI 比重等指标。根据世界银行公布的统计数据，中国在 2009 年的各项指标均有良好表现，上述指标中除了短期债务比重偏高外，其他的指标都明显偏低，其中政府及政府担保外债占出口比重、债务率以及偿债率这三项指标都是最低，这说明中国具有比较轻的债务负担。而且由于外债总体占 GNI 以及货物与服务贸易进出口收入的比重不高，分别只有 1% 和 25%，所以即便短期债务比重较高，也不会影响到中国的偿债能力。2010 年，中国的外债尤其是短期外债占 GDP 以及外汇储备的比重分别只有 7.08% 和 16.58%，是主要发达国家以及部分亚洲国家中最低的，说明了中国具有较高的偿还外债能力，有能力为人民币国际地位的提升创造一个稳定的环境。美国、英国、法国、德国等发达国家 2010 年的外债总量几乎都超过了 GDP，甚至达到了数倍以上，如英国外债占 GDP 的比重达到了 397.64%。这些发达经济体的外债更是其外汇储备的数 10 倍，英国甚至达到了 13484.98%，只有日本相对较低，两项指标分别是 45.28% 和 16.58%。发达国家外债占 GDP 以及外汇储备的比重如此之高，重要原因之一就是他们都拥有发达的国内金融市场，能够极其方便地进行各类融资。由于受到的限制与管制很少，所以各类债务在发达的金融市场上能够实现高效顺利地周转，再加上这些国家大多能发行国际货币，所以他们并不需要太多的外汇储备来为外债做支撑。但是在发达的金融市场上，过高的外债/GDP（外汇储备）比例也会隐藏着潜在的危机，因为过大规模的债务终究会引发金融市场的周转困难。近期欧洲连续遭遇冰岛、希腊债务危机就已经表明了这种外债风险的危害性。并且过高的债务也会影响到该国货币的币值稳定，会降低国际社会对该国货币的信心，如美国因为持续的财政、贸易双赤字以及过高的外债比重都使得美元汇率进一步下跌，使得众多投资者纷纷把目光瞄准了稳健升值的人民币资产。可见，中国较高的外债偿付能力已经为人民币的国际化做了很好的铺垫工作。

6. 国外对人民币的需求不断增加。目前，人民币在我国的周边国家已成为可自由兑换货币被广泛接受，一些国家中央银行甚至将人民币作为外汇储备的币种之一。在一些边境贸易和边境直接投资中，人民币已作为计价和结算货币。尤其是对中国有贸易顺差的国家有意愿对中国的出口收取人民币。在我国港澳地区，人民币存款和汇兑已经顺利开展，内地金融机构已有赴港发行人民币债券的成功经验。另外，双边货币互换国家范围的扩大以及协议金额的提高，为推动人民币的国际化创造了机会。

7. 人民币深受广大发展中国家的欢迎。对广大发展中国家来说，人民币国际化使得他们在国际经济交往中多了一种货币选择，对其只有好处而没有坏处，更不会影响发展中国家的利益。人民币国际化，有利于发展中国家分散国际经济交往中的货币集中风险，有利于其争取到更有优势的国际贸易条件，有利于其减少对西方发达国家的依赖。我国在推动人民币国际化时，可适当顾及中小发展中国家的利益，给予其适当的帮助。

8. 小结。由于中国改革开放以来多年保持快速、持续的经济发展，已经于 2010 年正式超过日本成为世界第二大经济团体，在世界经济格局中开始占据更加重要的地位，日益成为国际社会关注的焦点，影响力与日俱增。国际社会对人民币国际化的期望开始增加，希望人民币在世界货币体系当中能够占据与其经济地位相称的国际货币地位。从某种意义上来说人民币国际化也是国际社会众望所归。

人民币之所以能够承载世人更多的期望，也是在于世界各国对与当今国际货币体系弊端的深刻认识。现在的国际货币体系中，美元仍然承袭了布雷顿森林体系时代的统治地位，甚至在某种程度上得到了加强。历史实践已经充分证明，如果国际货币体系是建立在一个主权国家货币的基础上，将会引发其不可克服的弊端，如布雷顿森林体系下的"特里芬两难"，以及在牙买加体系下各国要承担的美国扩张性宏观经济政策带来的道德风险。

改革现有国际货币体系的思路在于结束美元一家独大的不合理格局，关于用 SDR 等超主权货币来代替美元只是理论上的一种思路，在实践中将会面临极大的困难。因此，世界各国需要建立一个多元化的国际货币体系，需要人民币等货币在世界货币体系当中取得更多的发言权，发挥更大的作用。

历次金融危机的教训已经表明，外汇的不足是引发本国币值剧烈贬值从而导致金融崩溃的一个重要导火索。对于中国来说，人民币国际化战略的实现可以在不增加外汇储备负担的情况下有效维护本国的金融稳定。

人民币之所以能够成为国际社会关注的焦点，卡恩甚至建议把人民币加入 SDR 权重货币当中，就是在于中国在很多方面已经具备了国际货币发行国的条件与优势。如强大的综合经济实力、世界第二的经济总量是人民币国际化最为坚实的基础，中国在 GDP 总量、进出口贸易总额、外商直接投资总额以及外汇储备总量等指标上都排在世界前三位，中国在国际收支上总体平衡，并且对与亚洲国家保持相当的贸易逆差，使得中国具有首先在亚洲地区推广人民币的基础，这是人民币国际化的一个重要推动力。对于人民币本身，由于其币值保持稳中有升，使得人民币在境外的受欢迎与可接受程度得到了极大的提高。人民币币值稳定的一个重要基础就是其背后有世界上最充足的外汇储备作支撑，中国在拥有充足外汇的基础上，还具有相对较低的外债，这就决定了中国拥有毋庸置疑的偿债能力，这些都为人民币将来向全球的推广做了很好的铺垫。

5.2 人民币国际化的制约因素

从人民币的现实条件和外部环境分析，人民币成为国际货币既存在有利条件，也存在诸多障碍。

1. 人民币国际化可能会引起以美国为首的发达国家的抵制。中国与美国之间，既存在意识形态的差异，又存在经济利益的冲突，而且美国绝不会轻易放弃美元的霸权地位。美国与日本、英国结成的政治经济同盟以及欧元区国家都会维护既得的利益和既定的格局，极有可能采取措施阻挡人民币国际化的进程。例如，中国减持美国国债试图增加企业战略性股权投资一直是困难重重，尤其对于中国的一些重大海外投资项目，美国等西方国家审批部门均以国家经济安全为由予以否决。中国以实物资源换取的巨额外汇储备只能表现为美元这种纸面上的财富，面临着美元贬值的风险。此外，国际货币基金组织的主导权被美国掌控，美国不可能轻易放弃美元的国际货币地位，采纳超主权储备货币的建议。俄罗斯、印度等新兴市场经济国家均有自身的利益考虑，也力促本国货币的自由兑换和本币国际化，与人民币国际化之间必然存在一定的利益冲突与合作。

2009 年，中国人民银行周小川行长发表学术论文，提出建立超主权货币、改革现有的国际货币体系的主张。周小川行长认为，特别提款权作为超主权储备货币不仅克服了主权信用货币的内在风险，也为调节全球流动性提供了可能。由一个全球性机构管理的国际储备货币将使全球流动性的创造和调控成为可能，当一国主权货币不再作为全球贸易的尺度和参照基准时，该国汇率政策对失衡的调节效果会大大增强，这些能极大地降低未来危机发生的风险、增强危机处理的能力。但这一设想引起美国总统、财政部长的反对之声，原因是伤害了美国的既得利益，动摇了美元的国际货币地位。奥巴马总统在白宫记者招待会上表示，美国是世界上最稳定政治体系、最强经济体，认为没有必要创立新的国际货币取代美元。由此可以清晰地反映出美国政府对于美元的支持。

人民币成为国际货币，可以使中国能够分享原来由发达国家独享的国际铸币税收入、国际贸易投资借贷便利、国际实物资源占用等。这种对发达国家原有利益的挤占，必然会引起发达国家的排斥甚至攻击，可能引起更为激烈的"中国威胁论"。

人民币国际化冲击最大的货币是美元和日元，特别是会冲击日元在亚洲的利益。对于一直在谋求和扩大日元国际化的日本，人民币国际化的深入必将加深中日之间的竞争。日本利用其低成本的资本输出，已经在亚洲债券市场占有较大的比重。很明显，日元在亚洲债券市场作为计价资产的作用远远高于其在亚洲国际贸易中发挥的支付结算货币的作用。由于中国与日本有着相似的经济结构，如贸易顺差大、外汇储备高、国内储蓄率高、制造业发达等，人民币的国际化将全面挑战日元的国际地位。由此人民币的国际化进程可能会遭到日本的抵制，而受到一定的影响。

作为当前世界上唯一的超级大国，美国在国际事务中始终以自己的战略利益为首要出发点，凡是不符合美国战略利益的人或事，都会遭到其反对或打击。人民币在国际化初期，对美国的利益尚不会构成太大威胁，其排斥心理会较弱。随着人民币国际化的深入，对美国的利益影响将加大，这时候它可能会利用其在国际经济金融领域的主导地位，联合其他发达国家，采取国际贸易、国际投资、金融交易等方面的限制措施，阻碍人民币的国际化。

2. 国际贸易中使用美元结算已经成为一种习惯。一种习惯一旦形成就不容易改变，这点在国际货币使用的选择上同样适用。长期以来，各国之间的国际贸易都是选择以美元为计价单位进行结算的，这种交易支付方式已成为习惯，如果改变这一支付习惯需要一定的时间，因此人民币结算必然存在人们逐渐接受的过程。

3. 人民币资本项目尚未实现完全自由兑换。人民币要实现国际化，根本要求是人民币在资本账户下的完全兑换，即允许中国居民和企业自由将人民币转换为其他货币，外国居民也可以自由地将外汇转换成人民币。因为，持有一种不能自由兑换的货币风险较高，因而持有成本高，在货币竞争中必然处于劣势，难以成为国际社会普遍接受的国际货币。根据中国的现实情况，人民币资本项目自由兑换将按照主动、可控、渐进的方式有序推进，不可能在短期全部开放，这决定了人民币国际化只能是在人民币未完全自由兑换的前提下渐进地推进。

4. 我国缺乏一个具有一定广度和深度且对外开放的金融市场。人民币国际化首先是区域化，人民币输出的地区是对中国具有贸易顺差的国家，这些国家对中国的出口收取人民币，而在人民币价值相对稳定的情况下，人民币资产也具有吸引力，关键是中国能否为境外人民币提供一个合适的回流渠道及投资场所。

中国金融市场目前只能通过 QFII 形式对外开放。此外，中国金融市场的国债及金融债余额有限且期限结构上并不合理，短期国债等高安全性债券总额有限，缺乏具有一定广度和深度的金融市场不利于流出的人民币以投资国内债券市场的方式回流。

5. 非居民取得人民币资金的渠道狭窄。

（1）非居民从中国境内银行取得人民币的渠道有限。根据《跨境贸易人民币结算试点管理办法》及其实施细则的规定，在跨境贸易人民币结算项下，境外代理行可以通过结汇方式在境外代理行设立账户铺底资金，或者通过账户融资等方式从境内银行取得人民币融资。此外，根据 2007 年中国人民银行发布的《关于政策性银行为合格境外机构办理人民币贷款业务和货币互换业务有关问题的通知》，经外汇管理局批准境内政策性银行可以向合格的境外机构发放人民币贷款。上述两种方式为规定明确可以操作的境外融资，非居民从境内取得人民币资金渠道狭窄限制了人民币国际化的发展。

（2）非居民从当地金融机构取得人民币资金价格昂贵。非居民取得人民币资金只有在当地通过使用其他货币兑换人民币的方式，但此类兑换的汇率不透明、不公开，且汇率居于很不利的地位。

（3）利用中资银行海外分支机构转贷方式增加境外的人民币供给，即境内中资银行拆借人民币资金给境外分支机构，后者再按合理价格贷人民币给当地机构，可能面临着这些分支机构所在国外债指标的限制。因为，跨境贸易人民币结算试点地区的东南亚国家，不少都存在着一定程度的资本项目管制。

第6章

人民币国际化影响因素实证分析

6.1 衡量货币国际化程度的指标和影响货币国际化的因素

为了定量地研究货币国际化的程度，必须找到衡量一国货币国际化水平的度量方式。本书用全球国际储备中的货币构成来衡量货币的国际化程度。国际储备是由一国货币当局所持有的、在其国际收支出现逆差时可以弥补国际收支赤字和保持本国的货币汇率稳定性的、被世界各国所普遍接受的各种资产的总和。当一国货币更值得被储备时，它在各国央行国际储备货币中的比重会随之增加。成为储备货币是一国主权货币国际化的最高层次。因此，货币国际化的过程也是国际储备货币的形成过程。这种过程，是各国货币为了能够履行国际货币的职能而进行的相互竞争的过程。这种竞争，既包括经济上的竞争，也包括政治上、军事上、科技上的竞争。不是任何国家都可以随意实现本国货币的国际化的。总的来说，一国货币的国际化是该国经济社会生产力水平发展到一定阶段的产物。

究竟哪些因素在一国货币国际化过程中起到决定作用，大量的文献已经做了比较详尽的研究，经济规模、币值的稳定性和健全、发达、开放的金融市场三种因素为大多数研究人员所认可，另外还有政治、科技、军事等因素也在货币国际化的进程中发挥着重要的作用。因此，上述这些因素可以作为我们模型中变量选取的依据，并根据计量模型和数据情况做相应的处理。

1. 经济规模因素。从经济角度来讲，一国货币要具备国际货币的能力必须要达到三个要求：一是在量上，该国经济总量和经济规模必须跻身世界一流，在质上，该市场资源配置合理，在可预见的未来该经济体仍将可持续健康发展，保持一定的经济增长速度。二是该国必须与世界各国有广泛、深入的经贸往来，在世界进出口贸易中占有较大的比重。只有在国际贸易往来中产生了对该货币的交易需求，该货币才会被其他国家所接受，货币才能走出国境。因此扩大进出口规模和加强对外投资力度，是促使一国货币成为国际储备货币的重要影响因素之一。三是该国拥有充足的国际储备，国际清偿能力较强。主权货币要跻身国际储备货币行列，该主权国的经济规模必须足够大，在世界经济中的地位比较强，对世界经济的影响和作用就比较大，从而该国货币在国际上的使用程度就会比较高。考虑一国的经济能力，不仅要考虑目前的经济实力，还要考虑未来的增长趋势。

从世界各主要储备货币的发行国的货币国际化进程来看，在开始阶段都有一个经济高速增长、国际贸易规模不断扩大、外汇储备显著增加的过程。货币的国际化都是以其强大的经济实力为基础。处于国际储备货币化进程中的货币，与同时期其他国家的货币相比都会具有一定的优势。以英国和美国为例，在其货币开始国际化进程时，都是当时世界经济的热点，也都拥有位居世界前列的经济实力，所以英镑和美元也都在英国和美国经济辉煌时期相继成为国际储备货币体系的核心。同样，在第二次世界大战后高速发展的德国和日本两个国家，在短时期内持续高速的经济增长使其拥有了超越大部分国家的经济实力，其货币的国际地位也随之逐渐提高，马克和日元也成为新的国际储备货币。欧元这个由区域经济一体化所形成的统一货币，也和其他国际储备货币一样，有着欧元区这个强大的经济体做其支撑。因此，强大的经济实力是货币国际化的物质基础。只有支撑该货币的经济体的实力达到一定量和质的积累，其发行的货币才具有可靠的基础，也才会被其他国家所接受。究其原因，主要在于货币与普通商品相比具有一般等价物的特性，即货币的购买力。而当前的各种货币均是依赖于发行国政府信用的纸币，其购买力主要是根据货币发行国的经济发展状况、货币发行的数量以及该国政府的强制规定等因素决定。当一种货币开始其国际化进程，开始在发行国境外流通使用时，其购买力就完全依赖于该货币发行国的经济实力，只有货币发行国具备强大的经济实力对其货币的购买力作保证时，其货币才有可能被接受和使用。

本书通过国内产出、贸易规模和国际储备来衡量一国的经济规模。国内产出选择货币发行国 GDP 总量占全球 GDP 总量的比重来代表；贸易规模变量用货币发行国进出口总额占全球进出口总额比重来代表；国际储备用货币发行国黄金、SDR 与外汇储备总额占全球总额的比重来衡量。

2. 币值的稳定性。作为国际储备货币，其稳定性对持有者有着重要的意义。各国货币的价值都是由其货币的实际购买力决定的。而其价值的稳定性是判断货币是否能够成为国际储备货币的主要标准之一。货币的价值稳定表现在两个方面：一方面，货币发行国的宏观环境，如通货膨胀率及实际利率等，这些对于未来的国内经济发展以及金融稳定都有一定的影响。当某个经济体在较长时间内出现偏高的通货膨胀率时，人们将会对其未来的经济增长和稳定性担忧，尤其是在该货币作为国际储备货币时；另一方面，一种汇率变化波动较小的货币更容易被接受作为国际货币。如果一种货币价值不够稳定，频繁波动，就会增加使用该货币的成本，必然会影响到该货币的信誉。而一种货币如果具备良好的信誉并且币值长期保持稳定，就可以有效降低持有该货币的风险。

要想成为国际储备货币，其目前及未来的价值都必须稳定，只有稳定的货币才能被信任和接受。一种货币如果要履行国际货币职能，不论是被他国货币盯住作为定值货币，还是被进出口商人选择为贸易结算货币，都需具有币值稳定的特征。在保持稳定的基础上，如果货币的汇率维持上升趋势，且形成长期升值的预期，可以在保证各国外汇储备安全性的前提下实现更多的收益，那各国货币管理当局将更愿意持有该货币。

本书采用 CPI、实际利率和汇率年平均变化幅度作为币值稳定性的量化指标。

3. 金融市场的健全、发达与开放程度。英镑、美元、日元等国际储备货币的国际化进程中，都离不开其国内发达的金融市场的支持。英镑和美元分别占据国际储备货币头把交椅时，伦敦和纽约都是当时的国际金融中心，日元的国际化进程中，东京的离岸金融市场发挥了重要的作用。可以说，在货币国际化进程中，发达的金融市场是不可或缺的支撑。

作为当前国际储备货币发行国，美国、英国、欧元区、日本、瑞士都有门类齐全的金融市场，以及高度专业化和国际化的金融机构，满足全球不同机构和个人对储备货币的保值增值要求。如果没有一个涵盖货币市场、资本市场、外汇市场和衍生品市场的功能齐全的金融市场，没有丰富的金融产品，没有高端的金融人才，没有完善的金融监管体系，单一国家的货币很难满足境外风险偏好不同的主体对该货币的交易、投资、风险管理需求，也容易受到游资的攻击。因此，一国货币要成为国际货币，发达的金融市场、强大的金融产业、完善的金融体系等缺一不可。考虑到数据的可得性，本书选取货币发行国股票交易额占全球交易额的比重来代表一国金融市场的发达程度。

4. 科技含量。从 19 世纪开始到现在，国际货币之间的激烈竞争从未停歇。从货币发行国的英国到美国，再到日本和德国，无不是其所在时代高技术发展的成功赶超者、领先者和受益者。各国正在进行抢占经济科技制高点的竞赛，全球将进入空前的创新密集和产业振兴时代。一个国家要想在国际贸易中占据主动地位，必须具备生产高知识密集度和高研发投入产品的能力。本书采用货币发行国高技术产品出口占全球比重来代表科技发展水平。

5. 政治、军事因素。首先，一国政治的稳定性和政治地位是其货币国际化的前提和基础。一国货币要成为国际储备货币，获得国际社会的认同，前提是该国的政治必须保持长期的稳定。稳定的政治环境，能够为经济增长创造良好的条件，为本国货币的发展保驾护航。相对地，一国政治的不稳定，造成社会动荡，会引起经济的不稳定，继而会引起货币的不稳定，甚至对国内外居民持有的以该国货币形式表现的金融资产的安全性构成威胁，该国货币就很难获得其他国家的认可。其次，一个国家只有具备强大的经济军事实力才能较好地维护本国利益，并有效保障国内外居民以本国货币形式持有的金融资产的安全。

正如蒙代尔指出："最强的货币是由最强的政治实力提供的，这是一个具有历史传统的事实"。一国在世界政治中具有较强的地位，就能较好地保护本国的利益免受他国的伤害，也就能较好地保障国内外居民以本国货币形态持有的金融资产的安全性。同时，一国在全球政治事务中的广泛参与还可以促进该国贸易、投资、金融等的进一步国际化，进而推动货币的国际化。

本书用来反映政治、军事因素的变量有两个：一是是否是联合国常任理事国；二是军费支出占 GDP 的比重。

6. 中央银行是否独立。很难想象一个受制于某国政府的中央银行所发行的货币能够成为国际储备货币。布兰科（M. Branco，1991）认为，完全独立于政府的中央银行是从未有过的，总是有许多正规的或非正规的途径，通过其政府可以影响货币政策。本书这里判断一个中央银行是否独立，主要是看该央行是否直接向国会负责，不受政府干预，在法律地位上是否独立于政府机构。

6.2　样本数据来源及比较

样本数据来源于《国际货币基金组织年报》、世界银行数据库、国际货币基金组织数据库、《国际统计年鉴》等，并根据需要进行整理（表 6 - 1）。

表6-1   各变量描述性统计

变量名	变量说明	货币或货币发行国	均值	标准差	样本区间（年）
share	国际储备构成中各货币的占比（%）	美元	65.787	3.649	1995~2010
		欧元	23.707	3.341	1999~2010
		日元	4.655	1.454	1995~2010
		英镑	3.264	0.776	1995~2010
		瑞士法郎	0.232	0.089	1995~2010
		德国马克	14.688	0.816	1995~1998
		法国法郎	1.816	0.395	1995~1998
		荷兰盾	0.295	0.045	1995~1998
gdpr	货币发行国GDP总量占全球GDP总量的比重（%）	美国	27.411	2.897	1995~2010
		欧元区	21.367	1.299	1999~2010
		日本	11.691	2.945	1995~2010
		英国	4.553	0.504	1995~2010
		瑞士	0.858	0.077	1995~2010
		德国	7.727	0.653	1995~1998
		法国	5.016	0.272	1995~1998
		荷兰	1.351	0.055	1995~1998
ier	货币发行国进出口总额占全球GDP总额的比重（%）	美国	14.020	1.397	1995~2010
		欧元区	30.371	1.382	1999~2010
		日本	5.440	0.825	1995~2010
		英国	5.195	0.528	1995~2010
		瑞士	1.462	0.084	1995~2010
		德国	8.998	0.346	1995~1998
		法国	5.402	0.170	1995~1998
		荷兰	3.613	0.122	1995~1998

变量名	变量说明	货币或货币发行国	均值	标准差	样本区间（年）
ferr	货币发行国黄金、SDR 与外汇储备占全球比重（%）	美国	5.574	1.738	1995~2010
		欧元区	9.813	3.838	1999~2010
		日本	14.295	3.282	1995~2010
		英国	1.412	0.648	1995~2010
		瑞士	2.210	0.926	1995~2010
		德国	5.854	0.643	1995~1998
		法国	3.135	0.381	1995~1998
		荷兰	1.953	0.472	1995~1998
cpi	环比通货膨胀指数（%）	美国	2.446	1.006	1995~2010
		欧元区	1.763	0.619	1999~2010
		日本	-0.073	0.812	1995~2010
		英国	1.974	0.785	1995~2010
		瑞士	0.887	0.669	1995~2010
		德国	1.496	0.414	1995~1998
		法国	1.400	0.629	1995~1998
		荷兰	2.025	0.105	1995~1998
rir	实际利率（%）	美国	4.332	2.060	1995~2010
		欧元区	1.264	0.996	1999~2010
		日本	3.067	0.635	1995~2010
		英国	2.115	1.922	1995~2010
		瑞士	2.920	1.288	1995~2010
		德国	8.824	0.387	1995~1998
		法国	5.716	0.727	1995~1998
		荷兰	4.369	0.694	1995~1998

续表

变量名	变量说明	货币或货币发行国	均值	标准差	样本区间（年）
erc	汇率年平均变化幅度（%）	美国	4.754	2.262	1995~2010
		欧元区	6.915	4.995	1999~2010
		日本	8.008	4.173	1995~2010
		英国	5.464	4.664	1995~2010
		瑞士	5.770	5.327	1995~2010
		德国	7.237	5.836	1995~1998
		法国	5.886	5.835	1995~1998
		荷兰	7.466	6.007	1995~1998
stockr	货币发行国股票交易额占全球股票交易额比重（%）	美国	54.311	8.268	1995~2010
		欧元区	12.772	3.138	1999~2010
		日本	7.139	2.310	1995~2010
		英国	6.001	2.126	1995~2010
		瑞士	1.904	0.670	1995~2010
		德国	4.383	1.459	1995~1998
		法国	2.600	0.699	1995~1998
		荷兰	2.082	0.467	1995~1998
hter	货币发行国高技术产品出口占全球比重（%）	美国	14.026	3.054	1995~2010
		欧元区	24.572	2.265	1999~2010
		日本	8.734	2.032	1995~2010
		英国	5.308	1.455	1995~2010
		瑞士	1.554	0.311	1995~2010
		德国	6.420	0.485	1995~1998
		法国	4.862	0.549	1995~1998
		荷兰	3.325	0.420	1995~1998

变量名	变量说明	货币或货币发行国	均值	标准差	样本区间（年）
msr	货币发行国军费支出占全球军费支出比重（%）	美国	41.673	2.382	1995~2010
		欧元区	15.027	1.407	1999~2010
		日本	4.743	1.306	1995~2010
		英国	4.744	0.481	1995~2010
		瑞士	0.382	0.118	1995~2010
		德国	5.119	0.513	1995~1998
		法国	6.134	0.454	1995~1998
		荷兰	1.031	0.071	1995~1998

1. 国际外汇储备的币种构成。布雷顿森林体系解体后，国际储备货币出现多元化趋势，单一储备货币结构转变为多种储备货币结构。但是，美元作为最主要的国际储备货币的地位并没有改变。美国毕竟是世界上最大的贸易、金融和投资大国，美国经济仍然在世界经济中处于举足轻重的地位。从 1995~2010 年，美元在国际储备货币中的占比一直保持在 60% 以上，均值达 65.78%。在其他国际储备货币中，德国马克异军突起，1995 年在国际储备货币中的占比为 15.97%。日元由于日本经济的持续低迷，在国际储备货币中的占比一路下滑，在国际储备货币中的占比一度降到 3% 以下。欧元产生以后，已经成为世界各国选择的主要的国际储备货币之一，在国际储备货币中的占比逐渐增大，2009 年达到 27.56%，2010 年受欧债危机的影响，但仍然高达 25.96%（图 6-1）。

2. 国际储备货币发行国经济实力的比较。从经济实力来看，美国的 GDP 总量是绝对的世界第一，1995~2010 年平均占全球 GDP 总量的 27.41%，欧元区位居第二，占全球 GDP 总量的 21.37%；从进出口贸易来看，欧元区远远超过美国，占全球进出口贸易总额的 30.37%，美国占全球的 14%；从黄金、SDR 与外汇储备占全球比重来看，日本在

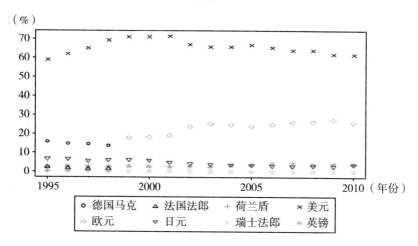

图 6-1　国际储备构成中各货币的占比

所有发行国际储备货币的国家中是最高的，为 14.30%，2010 年中国的黄金、SDR 与外汇储备占全球的比重为 27.06%（图 6-2）。

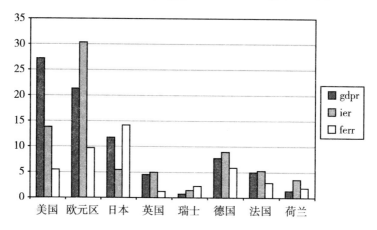

图 6-2　1995~2010 年各货币发行国 GDP、进出口总额和国际储备
占全球比重的均值比较

3. 国际储备货币发行国币值稳定性的比较。从各货币发行国 CPI 的散点图来看，美国的通货膨胀率是最高的，日本是最低的，但即使是通胀率最高的美国，在大多数年份 CPI 仍然维持在 3% 以内（图 6-3）。因此，可以得出这样一个结论：要想让本国货币成

为国际储备货币，需要具备很好的控制通货膨胀的能力，币值的稳定会给货币持有者很大的信心。

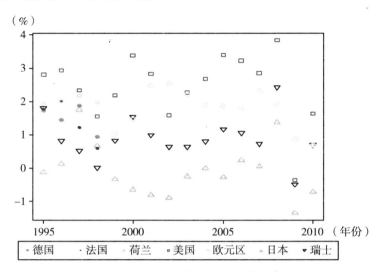

图6-3 各货币发行国CPI的散点

从实际利率来看，欧元一直维持低利率，在欧元投入使用之前，德国的利率是非常高的。美元的利率16年中维持在4%左右。在当前的宏观背景下，可以预测以美国为代表的发达国家的基准利率在未来一段时间度都会保持低位（图6-4）。

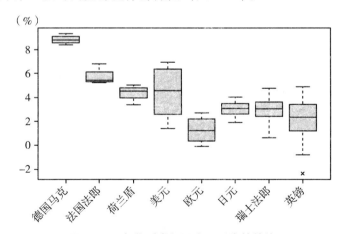

图6-4 各货币发行国实际利率的箱线

从汇率的波动幅度来看，日元的波动幅度是最大的，均值达到8%；而美元的波动幅度是最小的。日元的国际化之路并不顺利，这与日元的汇率波动大有着直接的关系（图6-5）。在人民币国际化的进程中，要特别注意这一点，即使是升值，也要稳中有升，不可以让汇率"大起大落"。

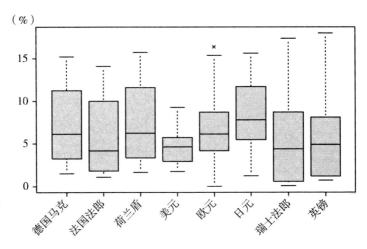

图6-5　各货币发行国汇率年平均变化幅度的箱线

4. 货币发行国金融市场规模的比较。从图6-6中可以看出，美国的股票交易额占比高达54%，其他国家加起来的总和都比不

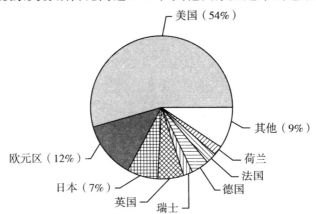

图6-6　货币发行国股票交易额占全球股票交易额比重（%）

上美国。华尔街对美国经济的发展和美元国际化都发挥了重要的作用。华尔街为全球的企业提供了融资的场所，为全球的投资者提供了投资的渠道，为了进入华尔街，投资者必须持有美元。

5. 货币发行国科技水平的比较。从图6-7中可以看出，美国、欧元区和日本的高技术产品占全球的比重接近一半，科技竞争力对货币国际化的影响可以反映在其对贸易竞争力的影响上。所有国家必须持有美元才能买到波音飞机和苹果电脑，这种依靠技术和创新形成的垄断为其货币国际化铺平了道路。

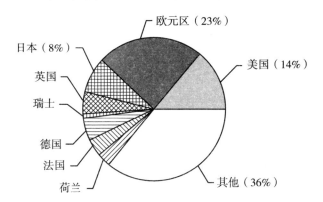

图6-7　货币发行国高技术产品出口占全球比重（%）

6. 货币发行国军事实力的比较。从图6-8中可以看出，美国的军费支出平均占全球军费支出的41%。经过第二次世界大战和冷战后，美国成为世界上军事实力最强的国家，这保障了美国的安全，给了美元持有者极大的信心。很难想象人们会去持有一个连领土安全都无法保证的国家的货币。

7. 货币发行国央行独立性的比较。从各国央行的独立性来看，美联储和德国央行的独立性是最高的。1913年美国国会通过了《联邦储备条例》，1914年成立了美联储。根据法律规定，美联储只向国会负责，联储主席定期向国会作听证报告，并接受国会的质询，但除立法和提交报告之外，美联储实际不受国会的控制。总统更不能直接向美联储发号施令，任何机构或部门均无权干涉美联储的事务。在1998年4月新的《日本银行法》面世

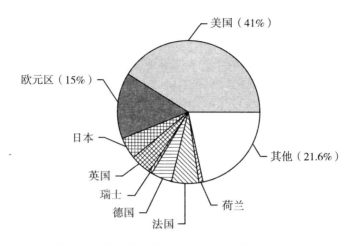

图 6 – 8　货币发行国军费支出占全球比重（%）

之前，日本银行的独立性是非常差的，完全从属于政府（大藏省）。新的《日本银行法》最主要的内容，就是从法律的角度明确了日本央行的独立性地位。日本银行与大藏省的关系已发生了根本性变化，但日本央行的独立性与其他国家相比还是比较低。1998 年英国修订《英格兰银行法》，货币政策委员会成为英国货币政策决策机构，中央银行独立性大为增强。依据《马斯特里赫特条约》，欧洲中央银行成立。欧洲中央银行体系由两个层次组成：一是作为决策机构的欧洲中央银行，二是作为执行机构的欧元区各国的中央银行。欧洲中央银行不仅独立于各成员国政府，而且独立于欧盟机构，并列于欧洲议会、部长理事会及欧洲法院，因此有着非常大的独立性。

6.3　基于面板数据的计量模型分析

本书选择的样本数据是美国、欧元区、英国、日本、瑞士、中国和欧元成立之前德国、法国以及荷兰的等国家的年度时间序列，属于横截面和时间序列两者相结合的面板数据。单纯应用横截面数据或者时间序列数据来检验都会存在一定的偏差，面板数据含有截面、时间、指标的三维信息，利用面板数据模型可以建立比单独使用截面数据或时间序列数据更为准确的模型。而且利用面板数据建立模型还有以下优点：第一，由于观测值的增多，可以增加估计量的抽样精度，使得模型设定更合理；第二，由于样本信息的扩大，降低经济变量之间的多重共线性，提高估计量的有效性；第三，可以更好地识别和度量时间序列或截面数据不可发觉的效应；第四，能够更反映经济变量的动态调整。因此，本书选择采用面板数据分析方法来构造一个含有横截面、时间和指标三维信息的计量经济模型。

本书的计量回归模型是基于 Chinn 和 Frankel（2005）模型的基础上，Chinn 和 Frankel（2005）应用 1973 ~ 1998 年的年度数据分析了国际储备中的币种结构。本书用的数据是 1995 ~ 2010 年的年度数据，并对 Chinn 和 Frankel（2005）的模型进行了扩展，增加了一些变量。计量模型如下：

$$share_{it} = \beta_0 + \beta_1 * gdpr_{it} + \beta_2 * ier_{it} + \beta_3 * ferr_{it} + \beta_4 * cpi_{it}$$
$$+ \beta_5 * rir_{it} + \beta_6 * erc_{it} + \beta_7 * stockr_{it} + \beta_8 * hter_{it} + \varepsilon_{it}$$

$$(1)$$

式中，i 代表不同的货币，包括美元、欧元、日元、英镑、瑞士法郎、德国马克、法国法郎、荷兰盾；t 代表不同的时间，其中美元、日元、英镑、瑞士法郎的时间跨度是 1995 ~ 2010 年，德国马克、法国法郎、荷兰盾的时间跨度是 1995 ~ 1998 年，欧元的时间跨度是1999 ~ 2010 年。面板数据回归模型一般分为混合效应模型、固定效应模型和随机效应模型。混合效应模型指从时间上看，个体之间不存在显著性差异；从截面上看，不同截面之间也不存在显著性差异的模型。固定效应模型指解释变量对被解释变量的效应不随个体和时间变化，又分为个体固定效应模型、时点固定效应模型和个体时点固定效应模型三种。随机效应模型则着重于样本整体间的关系。对于固定效应模型的三种分类来说，从时间和个体上看，面板数据回归模型的解释变量对被解释变量的边际均是相同的，如果除模型的解释变量

之外，影响被解释变量的其他所有未包括在模型中的确定性变量的
效应只是随个体变化而不随时间变化时，采用个体固定回归模型更
为合理；而如果影响被解释变量的其他所有未包括在模型中的确定
性变量的效应只是随时间变化而不随个体变化时，采用时点固定效
应模型更为合理；如果影响被解释变量的其他所有未包括在模型中
的确定性变量的效应既随个体变化又随时间变化时，则应该采用个
体时点固定效应模型。本书采用的是个体时点固定效应模型。

另外，为了检验经济因素之外的政治、军事及央行独立性等对
货币国际化的影响，本文还引入了下面三个模型：

$$share_{it} = \beta_0 + \beta_1 * gdpr_{it} + \beta_2 * ier_{it} + \beta_3 * ferr_{it} + \beta_4 * cpi_{it} + \beta_5 * rir_{it}$$
$$+ \beta_6 * erc_{it} + \beta_7 * stockr_{it} + \beta_8 * hter_{it} + \beta_9 * political_{it} + \varepsilon_{it}$$
$$(2)$$

$$share_{it} = \beta_0 + \beta_1 * gdpr_{it} + \beta_2 * ier_{it} + \beta_3 * ferr_{it} + \beta_4 * cpi_{it} + \beta_5 * rir_{it}$$
$$+ \beta_6 * erc_{it} + \beta_7 * stockr_{it} + \beta_8 * hter_{it} + \beta_9 * msr_{it} + \varepsilon_{it} \quad (3)$$

$$share_{it} = \beta_0 + \beta_1 * gdpr_{it} + \beta_2 * ier_{it} + \beta_3 * ferr_{it} + \beta_4 * cpi_{it} + \beta_5 * rir_{it}$$
$$+ \beta_6 * erc_{it} + \beta_7 * stockr_{it} + \beta_8 * hter_{it} + \beta_9 * independence_{it} + \varepsilon_{it}$$
$$(4)$$

模型（2）中引入的政治因素是一个虚拟变量，这个变量的引
入主要是为了检验货币发行国在国际上的政治地位对其货币国际化
的影响。一个国家的政治地位高低有很多评判标准，但比较常用的
还是看其是否是联合国常任理事国。本书在政治因素这一变量的取
值上就是看其是否是联合国常任理事国，如果是，political 取值为
"1"；否则，political 取值为"0"。

一国货币国际化不单单是经济问题。因此，在考虑影响货币国
际化的因素时必须考虑的军事实力的影响。模型（3）用各国军费支
出占全球军费支出的比重（msr）来代表该货币发行国的军事实力。

模型（4）中引入了央行独立性（independence）这一变量，
主要是为了检验货币发行国央行的独立性是否对其货币国际化有影
响。如果该货币发行国的中央银行的独立性较强，independence 取

值为"1"；否则，independence 取值为"0"（表6-2）。

表6-2　　　　国际储备货币中比重结构回归结果

	模型1	模型2	模型3	模型4	模型5	模型6
	1995~2010	1995~2010	1995~2010	1995~2010	1995~2010	1999~2010
gdpr	1.531	1.539	0.565	1.704	0.987	1.594
	(6.445)***	(6.734)***	(2.367)**	(7.099)***	(5.864)***	(5.960)***
ier	0.851	0.824	0.396	0.463	0.937	0.85
	(3.398)***	(3.415)***	(1.90)	(1.60)	(5.756)***	(2.923)***
ferr	-0.179	-0.298	-0.129	-0.012	-0.092	-0.206
	(-1.174)	(-1.930)	(-1.078)	(-0.077)	(-1.204)	(-1.234)
cpi	2.023	2.47	1.002	1.917	0.988	2.041
	(3.117)***	(3.801)***	(1.89)	(3.055)***	(2.599)**	(2.744)***
rir	0.975	0.87	1.186	0.838	0.77	0.979
	(3.267)***	(3.000)***	(5.033)***	(2.859)***	(4.141)***	(2.278)**
erc	-0.157	-0.201	-0.022	-0.197	0.026	-0.199
	(-1.295)	(-1.696)	(-0.227)	(-1.661)	(0.39)	(-1.473)
stockr	0.586	0.595	0.313	0.509	-0.238	0.56
	(6.973)***	(7.348)***	(4.000)***	(5.842)***	(-1.664)	(5.694)***
hter	-1.572	-1.427	-0.517	-1.274	0.882	-1.609
	(-3.973)***	(-3.705)***	(-1.477)	(-3.175)***	(2.940)***	(-3.466)***
msr			0.834			
			(6.446)***			
political		0.235				
		(0.466)				
independence				4.815		
				(2.414)**		
No.	88	88	88	88	72	76
Adj. R-Squared	0.715	0.705	0.708	0.705	0.646	0.672
F-statistic	453.43	436.29	663.052	434.105	189.356	387.644

***：1%；**：5%

表 6-2 的第一列是模型（1）的回归结果。从结果中可以看出，用来测度经济规模大小的变量——货币发行国 GDP 占全球 GDP 比重（gdpr）的系数显著为正，货币发行国 GDP 占全球 GDP 比重每上升 1 个百分点，该国货币在国际储备货币中的比重就会上升 1.531 个百分点。这个结果支持了本书前面的分析：货币发行国必须有强大的经济实力来支持它的货币成为国际货币；更进一步地看，货币发行国进出口总额占全球进出口总额比重（ier）同样显著且系数为正，货币发行国进出口总额占全球进出口总额比重每上升 1 个百分点，该国货币在国际储备货币中的比重就会上升 0.851 个百分点。这也验证了本书前面的分析——繁荣的国际贸易有助于该国货币成为国际储备货币；反映货币发行国通货膨胀率的 CPI 的系数显著为正，这主要是由于本书所选取的样本国家的通货膨胀率在十几年间大多都保持在 3% 以内，所以并不是不可控的或者恶性的通货膨胀。这种合理的通货膨胀不能说明货币发行国货币的币值是不稳定的，相反，从模型的结果来看，合理的通货膨胀率有助于增加其货币在国际储备货币中的比重；货币发行国的实际利率（rir）的系数显著为正，这主要是由于高利率可以吸引全球的投资；反映货币发行国金融市场发达程度的变量——货币发行国股票交易额占全球股票交易额比重（stockr）的系数显著为正，这同样验证了本书之前的分析，说明发达、开放的金融市场有利于货币国际化；与本书前面的分析不一致的是，反映货币发行国科技水平的变量——货币发行国高技术产品出口占全球比重（hter）的系数显著为负。究其原因，可能是由于欧元区和日本的高技术产品出口占全球比重很高而其货币在储备货币中的比重却不是很高导致的；另外两个变量——货币发行国黄金、SDR 与外汇储备占全球比重（ier）和汇率年平均变化幅度（erc）的系数不显著，分析原因，同样是由于欧元区和日本的黄金、SDR 与外汇储备占全球比重很高，但其没有获得相应的在国际外汇储备构成中的地位；而汇率年平均变化幅度的系数不显著可能是由于汇率波动幅度大并不一定会降低其货币在国际储备货币中的比重，因为如果这种波动是本币升

值的话，会造成一种升值预期，反而会增加其他国家持有这种货币的信心。

表6-2的第二列是模型（2）的回归结果。模型（2）引入了政治地位因素。从各方面的定性分析来看，政治地位应该是影响货币国际化的重要因素，但从计量结果来看，政治因素这一变量并不显著。这可能和对政治因素的量化不恰当有关，也许是否是联合国常任理事国并不能说明政治地位的高低。

表6-2的第三列是模型（3）的回归结果。模型（3）引入了货币发行国军费支出占全球军费支出（msr）比重这一变量来说明货币发行国军事实力对货币国际化的影响。从回归结果来看，该变量系数显著为正，说明货币发行国强大的军事实力确实有助于货币国际化。

表6-2的第四列是模型（4）的回归结果。模型（4）引入了央行独立性（independence）这一虚拟变量。从结果来看，该变量系数显著为正，并且在其他条件相同的情况下，央行独立性较强的国家的货币在国际储备货币中的比重要比央行独立性较弱的国家的货币在国际储备货币中的比重高4.815个百分点。

表6-2的第五列和第六列是模型的稳健性检验。第五列是样本中剔除美国（美元）后的回归结果。因为考虑到美元的货币国际化有其特殊性：第二次世界大战后英国和欧洲经济一蹶不振，美国经济一枝独秀，综合国力、政治地位和军事实力都是其他国家无法相比的。因此，美元的国际化有其机遇的特殊性，将美国（美元）从样本中剔除后有助于更好地找出影响货币国际化的经济因素。从回归结果来看，与第一列（样本包括美国）的回归结果相比，两列中gdpr（货币发行国GDP总量占全球GDP总量的比重）的系数、ier（货币发行国进出口总额占全球GDP总额的比重）的系数、cpi的系数和rir（实际利率）的系数均显著为正；并且两列中ferr（货币发行国黄金、SDR与外汇储备占全球比重）和erc（汇率年平均变化幅度）两个变量都不显著。两列中所不同的是，stockr（货币发行国股票交易额占全球股票交易额比重）在剔除美

国后变得不再显著了，说明 stockr 并不是影响货币国际化的一个稳定因素。而 hter（货币发行国高技术产品出口占全球比重）在剔除美元样本后变得显著为正。

表6-2的第六列的回归样本区间为1999~2010年，主要是为了检验欧元诞生以来影响国际储备货币构成的因素。结果发现，与第一列的结果几乎没有差别。

总之，基于计量模型在对国际储备货币币种结构的影响因素的分析中可以得出如下几点结论：第一，国家整体经济实力的强弱是影响其货币在国际储备货币中所占比重大小的最重要的因素，同时，强大的贸易规模能够促进货币国际化；第二，发达的金融市场对货币国际化是非常重要的；第三，适度的通货膨胀率和高利率有助于货币国际化；第四，独立的中央银行制度有助于提高其货币在国际储备货币构成中的比重；第五，货币国际化绝不单纯是经济问题，强大的军事实力是其货币国际化的重要保障。

第7章

人民币国际化的路径分析与进程安排

7.1 人民币国际化是循序渐进的过程

目前，世界政治经济格局发生着深刻变化，特别是在国际金融形势动荡的今天，人民币国际化成为国际社会比较关心的问题。但是，人民币走向国际化并非刚刚开始。随着中国与周边国家和地区货币互换协议的签署和内地与中国香港 CEPA 的实施，人民币国际化已经开始了。

目前，尽管人民币并非完全可兑换，但是周边许多国家和地区也都开始接受人民币，部分国家甚至将人民币作为储备货币。很多国家和地区都对人民币充满信心，因为人民币在过去的 10 年中，包括在亚洲金融危机爆发期间，都一直保持了稳定，这都增加了境外人民币持有者的信心。这种信心，不仅是来自人民币一直以来稳定的表现，而且是植根于中国改革开放 30 多年来持续、快速、健康的发展历程。国内外普遍看好中国的发展前景，而持有人民币就相当于掌握了一种有利可图的资产。这些都是人民币国际化进一步推进的有利条件。

但是，人民币国际化的道路还很长。中国国内金融市场的深度、金融创新的广度、金融基础设施和法律制度的完善程度，甚至金融人才的充裕度等都与发达国家有很大差距，而这些都不是一蹴而就的。对于人民币国际化，我们还需要更多的准备。

7.2　人民币国际化路径设计的基本原则

1. 合作性原则。从英镑和美元的模式来看，中国不具备依靠一国之力单独实现人民币国际化的实力和机遇，为了增强本国货币的国际影响力，加强与其他国家之间合作，走区域化合作道路是必然选择。与中国关系最为密切的是东亚区域，包括中国内地、香港、澳门，以及日本、韩国、中国台湾和东盟 10 国在内的 16 个经济体，是人民币实现区域化的最可能区域。

目前世界上货币区域化成功模式只有欧元区。考虑到欧洲各国之间发展程度比较相近，经济交往密切，拥有共同的文化认同感，且具有长期合作的丰富经验。在拥有如此多的有利条件之下，欧洲货币联盟的建设仍耗费了半个世纪的时间，并经过了艰苦的谈判，可见货币区的建立是艰辛而漫长的。而东亚国家之间存在着巨大的经济发展差异，缺乏足够的文化认同感，长期以来各自独立发展，只是在近期经济交往才趋于密切，且缺乏合作发展的经验，在种种不利的条件之下，要进行深入的货币合作，彼此让渡部分货币主权显得更为困难，在短期内是不大可能的。

2. 协调性原则。从欧元区经验来看，货币联盟的建立是货币合作和市场统一共同作用的结果。从 20 世纪 50 年代开始，欧洲各国开始实施各成员之间的关税联盟和共同农业政策，以此促进区域内部商品自由流动。正是由于一系列经济合作，才推动 20 世纪 70 年代欧洲货币联合浮动集团的形成。为了实现更深层次的货币合作，欧洲各国开始推动包括商品、人员、劳务和资本在内全面自由流动的统一大市场的建立。最终在统一大市场的支撑下 EMU 才得以顺利实现。

从中可以看到，如果中国要通过区域货币合作实现人民币的国际化，首先必须加强同周边各经济体之间的经济和金融合作，在逐渐实现区域内商品、人员、劳务和资本自由流动的基础上，才能最终实现统一的货币区。同时考虑到"趋同标准"在欧元区形成过程中的重要作用，中国应加强同周边各经济体货币当局间的货币政策和金融合作，逐渐增强各国之间的经济趋同性，为进一步的货币合作创造条件。

3. 渐进性原则。中国应从自身的特点出发，制定人民币国际化的长期发展路径，坚持由低级到高级，由周边到区域，再逐渐扩展到全球范围的渐进性原则。首先应注重建立币值稳定的货币制度，培育发达的金融市场，努力培养中国经济核心竞争优势。在此基础之上，加大与周边各经济体间的经贸合作，建立全方位的自由贸易圈，为人民币国际化奠定坚实的地域经济基础。

4. 把握机遇原则。在对货币国际化经验的研究中，容易让人注意到的是一国或地区如何通过建立稳定的货币制度，提升在国际贸易和国际投资领域的竞争实力，及增强对国际金融市场的控制力来实现货币国际化。但是货币国际化过程中对机遇的把握同样重要。英国正是借助法国衰弱的有利时机，才控制了国际经济秩序的主导权，实现英镑对其他货币的全面超越。美国虽然在第一次世界大战之前经济总量就已经超越了英国，但当时美元的国际影响力却十分有限，直到两次世界大战完全摧毁了英镑体系的经贸基础，美国才有机会利用布雷顿森林体系成功实现美元的国际化。同样的，正是由于美国充分把握了苏联集团瓦解的有利时机，才推动美国经济走出低谷，实现金融霸权下的美元本位制。因此在人民币国际化过程中，在不断加强货币与金融制度建设和提高在国际贸易投资上保持强大竞争力的基础上，应注重对重大历史时机的把握。当不具有对主导货币进行超越的有利时机时，中国应耐心等待，集中精力提升自身经济实力和对外贸易竞争力。而一旦出现有利时机，中国应及时把握，采取跨越式的发展方式实现人民币国际化进程的飞跃。

7.3 人民币国际化路径选择：从周边化到区域化再到国际化

结合我国经济发展状况与特点以及亚洲地区货币合作的进程，

在人民币国际化的路径选择上，从符合我国的经济发展战略和对外合作战略的角度出发，本书遵循的思路是首先实现人民币的周边化，由周边化推动人民币的区域化，再由区域化实现人民币的国际化。整个思路的构想是与中国目前发展状况相适应的，是对英镑、美元和欧元三种货币国际化经验总结的认识。

7.3.1 人民币周边化是国际化的基础，加强与周边地区的经贸金融合作

1. 经贸合作是金融合作的基础。加强中国与周边地区的经贸金融合作，可以先从经贸合作入手，由关税同盟、经济联盟到货币联盟。具体而言，可分几个阶段进行。

第一阶段，在双边框架内继续扩大和加强与周边国家的经贸关系，增加境外人民币需求，同时，要进一步加强对境外人民币流通的管理和监测。

第二阶段，建立周边地区的多边自由贸易区，即关税同盟，并将人民币作为区内主要计值和结算货币之一。2003 年中国—东盟自由贸易区成立以来，我国已建立了 10 余个自由贸易区。其中，周边地区建立的自由贸易区包括内地与港澳更紧密的经贸关系安排、中国—东盟自由贸易区、中国—巴基斯坦自由贸易区等。在此基础上，要建立更多的自由贸易区，由点连片。目前，我国名义关税逐步降低，实际有效关税水平远低于多数发展中国家。因此，我国与周边国家共同减让名义关税，对中国来说负担较轻。

第三阶段，继续推动建立实质性亚洲货币合作机制，实现人民币资本账户的可兑换；扩大自由贸易区范围，使人民币成为主要储备货币之一。

2. 人民币周边化为区域化创造了条件。人民币区域化并不是人民币周边化范围的扩大，而是一次巨大的飞跃。人民币区域化是指人民币通过参与区域货币金融领域的制度性合作，争取区域内关键货币地位，最终借助区域统一货币的建立实现人民币区域影响力的最大化。人民币周边化能够为人民币区域化提供必要的前提条

件，是推动人民币区域化必须的准备阶段。

首先，人民币区域化需要人民币在区域内处于关键货币地位。中国在亚洲区域的经贸大国地位，要求在区域货币和金融合作中，人民币必须处于关键货币地位，这样才能够使人民币的区域影响力和中国经济实力相协调，否则将使中国丧失在区域经贸中的主动地位。人民币周边化能够以经济实力为基础，增强人民币在周边影响力，逐步确立人民币在区域内的关键货币地位，为区域化提供条件。

其次，人民币区域化需要以区域内各国间密切的经贸联系为基础。欧元的产生是以欧洲统一大市场的建立为前提保证的，因此人民币区域化的顺利实施和区域货币合作的全面实现离不开区域内各国间建立密切的经贸联系，而人民币的周边化有利于率先加强中国同周边国家间的经贸交往，为区域内全面的经贸合作奠定基础，并能增强中国在区域统一大市场建立中的主动权。

再次，人民币区域化需要以区域内各国间的互信合作为保证。除了经贸联系外，增强各国间的了解和信任，在区域货币合作中同样重要。由于亚洲区域各国在政治、文化等方面存在明显的差异，缺乏广泛的合作共识，因而建立区域内各国间的认同和互信关系显得尤为重要。人民币的周边化是从加强中国与邻国的经贸联系着手，逐渐培育双方在更广泛领域的互信与合作，能够为区域合作打开突破口，减少在政治和文化方面的阻力。

7.3.2　从人民币的区域化到国际化

人民币的最终目标是实现国际化，由周边化到区域化，最终到国际化是人民币国际化的必由之路。

第一，由区域化到国际化，能够减少人民币国际化的重重阻力，赢得区域中其他国家的支持。在当今美元主导的国际货币体系中，一国依靠自身实力，单独挑战美元霸权的努力是难于成功的。从欧洲货币国际化的经验来看，区域货币合作能够调动区域内各国加强内部经贸联系，共同对抗美元霸权，极大地减少人民币国际化的阻力，为人民币国际化确立地域经济保障，是目前唯一可行的国际化方案。

第二，由区域化到国际化，有利于把握当前重大历史机遇，能够实现人民币国际影响力的快速提升。2008 年金融海啸的全面爆发，对以美元为核心的国际货币体系产生极大的冲击。虽然从短期来看美元的霸权地位依然不可超越，但以美国为核心的国际经济体系已然动摇，大量的债务使得美元处于巨大的贬值压力之下。仅靠中国自身的力量难以挑战美元霸权，只有通过区域货币合作，团结多国共同的力量，才能把握这一有利历史时机，实现区域货币影响力的整体突破。

7.4　人民币国际化的进程研究

目前，人民币国际化尚处于初级阶段，人民币真正实现国际化，即进入货币国际化高级层次，还需要循序渐进的完成。

7.4.1　推行人民币国际贸易结算

2008 年 12 月 24 日，国务院常务会议决定，对广东和长江三角洲地区与港澳地区、广西和云南与东盟的货物贸易进行人民币结算试点。目前，在国家外汇管理局的推动下，国内商业银行正积极筹备人民币国际结算试点。人民币用于国际结算即允许进出口企业以人民币计价结算，居民可向非居民支付或接受人民币，允许非居民持有人民币存款账户以便进行国际结算。

1. 人民币国际结算对于人民币国际化的意义。推行人民币国际结算对人民币国际化有重要意义。首先，在进出口合同中以人民币计价，说明中国经济在世界经济中占有重要的地位，人民币国际地位较高。其次，如果人民币能广泛用于计价结算，在国际贸易带动下，以及由此发展起来的贸易融资、存贷款市场、银行间拆借业务都会促进人民币跨境流动，进而会促进在国际投资中使用人民币。如果人民币被广泛用于国际贸易和投资，那么其他国政府就会

储备该种货币，以应对国际贸易结算、国际投资、外汇市场干预等
方面需求。再次，推行人民币国际结算有利于人民币在国际货币体
系格局中占据一席之地。在当前美元显现颓势之际，推进人民币国
际结算，容易得到周边国家认同，有利于提升人民币的国际地位。

2. 人民币国际化的基础与前提条件。人民币发挥国际结算职
能，首先取决于是否存在市场需求。目前来看，居民和非居民对人
民币用于国际结算存在需求。2005 年汇改至今，人民币兑美元汇
率一直呈稳中有升的态势，总共升值 20% 多。2008 年面对全球金
融危机冲击，中国经济所受影响相对较小，人民币兑美元仍然呈乐
观态势。在这一背景下，人民币在亚洲地区可接受度明显上升，在
国际贸易中以采取人民币结算的次数显著增加。目前，对使用人民
币进行国际结算需求较大的境内外企业至少有以下六类：（1）具
有选择结算币种能力的境内进出口商；（2）希望从人民币升值中
获取收益的境外出口商；（3）母公司在境内、在东亚和东南亚区
域有直接投资的中资企业；（4）母公司在境外、在大陆有一定投
资规模的中资企业；（5）母公司在境外、与境内子公司贸易往来
频繁、在大陆有一定投资规模的中资企业；（6）母公司在境外、
在大陆境内设有地区总部的企业。

3. 人民币国际结算面临的挑战和建议。

第一，国内外清算安排问题。一是在硬件方面，即国际结算网
络建设方面。现有的跨境清算网络是境内支付系统的延伸，如香港
地区人民币业务清算网络，是中国人民银行与香港金融监管局在达
成清算安排后，将央行在国内的现代化支付系统（CNAPC）延伸
至清算行中银香港，实现人民币跨境清算。推行人民币国际结算，
在技术上是不存在问题的，主要是可能面临业务量的挑战。例如，
目前纽约为中心的美元清算体系中，超过 90% 的清算量为美元国
际清算。因此，在推行人民币国际结算的同时，应加强支付系统网
络建设，可以考虑将现行的央行支付系统（CNAPC）用国内支付
结算，另行建设专门用于人民币国际结算的支付系统。二是清算制
度安排即代理模式问题。这里有两种考虑。第一种是将香港清算

行模式在周边国家推广。在境外设立人民币清算银行，境内外之间的人民币资金划拨通过清算银行进行。境外清算行负责接受当地其他银行人民币存款，支付利息等，并负责境内外之间的人民币现钞调运。第二种是采取代理行模式。代理行模式为当前国际货币跨境划拨的主流模式。境外银行与中资银行海外分支机构广泛建立代理关系，实现跨境银行间人民币资金支付转移。代理模式有利于推广人民币结算和使用，有利于人民币国际化发展，但对人民币跨境流动监测难度会加大，对离岸人民币管理的可作为性相对较弱。

第二，境外人民币回流管理问题。对于海外人民币债权，除了允许其用作向我国进口支付，还应允许其用于对我国的直接投资，以及投资于国内的人民币资产及金融市场。用于直接投资的应视作外资，享受外商投资优惠政策。投资于国内的人民币资产及金融市场的，应参照相应的资本和金融账户管理，受相应管制。为增进海外持有人民币的意愿度，应考虑加大资本项目开放进度，发展人民币离岸金融市场，丰富人民币投资品种，满足非居民对人民币各类投融资产品以及金融衍生产品等的需求。在促进人民币国际化的同时，积极带动国内金融业务发展和金融机构壮大。

第三，提供相关金融服务问题。为促进人民币作为国际贸易计价结算货币的广泛使用，应允许代理行在海外办理银行间拆借，允许海外银行以吸收的海外人民币存款办理当地企业与我国的贸易信贷融资等业务，包括买方信贷或卖方信贷等，以便增进人民币境外流通和可获得性，增强境外人民币使用的便利性。

7.4.2　加快推进利率市场化进度

一国货币国际化需要金融自由化、金融体系对外开放的支持，当货币国际化进入高级阶段，更需要以后者为前提。利率市场化是一国金融自由化的关键内容。人民币国际化需要中国利率体系市场化的支持。

利率市场化是指利率水平的决定机制由金融市场资金供求双方

自主确定。具体地讲，利率市场化是指通过某一金融产品找到基准利率，再通过市场机制形成不同金融产品各自不同期限的利率曲线，中央银行通过调控基准利率就可以影响不同金融产品的利率水平。如对于商业银行存贷款利率水平，原本由中央银行直接制定贷款等金融产品的利率水平，演进为通过市场机制，根据资金供求状况，形成不同金融产品利率水平关系，中央银行通过干预基准利率即可。

当前，中国利率市场化应该包括以下内容：

一是金融交易主体参与利率水平决定。利率是金融资产的价格，应该和其他商品的价格一样，随市场供求关系的变化而变化。利率市场化就是货币当局放松甚至解除直接决定利率水平，改为让金融机构作为主体，按照资金市场供求情况，自主确定利率水平，货币当局保留影响利率水平的权利。

二是利率的数量结构、期限结构和风险结构应反映市场意志。同其他商品一样，金融商品交易也存在批发与零售的价格差别、风险差别和期限差别。金融交易市场主体应该有权根据交易的数量（或规模）、期限、风险，确定具体利率水平，通过众多市场交易主体的共同作用下，形成代表整个金融市场的利率数量结构、期限结构和风险结构，而不是由货币当局测算确定，而且后者并不存在如同市场那样的精细测算能力。

三是中央银行享有间接影响利率水平的权力。利率市场化并不排斥货币当局对利率调控的权利，关键是要以市场供求为主导，货币当局根据货币政策需要所进行的调控行为应居于次要地位，间接影响的地位，这样才能真正发挥市场机制的效率。

7.4.3　循序渐进开放资本项目，实现人民币自由兑换

资本项目可兑换是指避免对跨国境的资本交易及与之相关的支付与转移的限制，避免实行歧视性的货币安排，避免对跨国资本交易征税或补贴。在当前人民币已实现经常项目下自由兑换的情况下，资本项目开放已是人民币实现自由兑换的关键内容。

1. 人民币资本项目开放的条件。当前，支持人民币资本项目开放的条件包括以下两个方面：一是宏观经济总体稳定，宏观调控积极有效，财政收支总体平衡；二是国际收支持续顺差，外汇储备不断上升，国际清偿手段充足。同时，也存在不支持人民币资本项目全面开放的条件：汇率制度弹性还需进一步加大；利率市场化建设需进一步推进；金融市场和产品还需进一步丰富；金融监管有待进一步加强；微观主体的国际竞争力有待进一步增加。这就要求人民币资本项目开放要遵守渐进性原则。

2. 人民币资本项目开放的收益与成本分析。在经济全球化的背景下，一国已不能在相对封闭的环境中谋求发展，对于中国这样的发展中国家而言，推进资本项目的自由兑换有着重要的意义。一是可在一定程度上缓解储蓄和资金不足，促进投资；二是有助于促进资本自由流动、市场开放程度的不断提高、资源有效配置，提高资源的使用效率；三是有助于人民币国际化。

从成本和风险角度来看，有以下几个方面：

第一，国际收支可控度下降。在资本项目开放情况下，大量的资本流出入，会直接对我国国际收支余额产生重要的影响。鉴于万亿级的游资规模，拉美金融危机和亚洲金融危机是前车之鉴，

第二，政策调控的难度加大。在资本项目开放过程中，央行将面临浮动汇率制度带来的挑战，宏观调控的难度将随之加大。央行的调控对象成为两个可变因素：汇率和国内市场利率。央行必须在面对更为频繁的外部冲击下，尤其是巨额游资进入或流出的冲击下，依靠监控体系，做出及时和正确的反应，维护经济金融安全，寻求经济内外部均衡解。

第三，企业面临的不确定性和风险增加。在汇率波动加大的情况下，尤其是与进出口贸易相关度较高的外向型部门的企业，必将面临更大的汇率风险。这些企业一方面不得不想方设法规避以外币计价的债权和债务、资产和负债所面对的汇率风险，另一方面还必须面对汇率长期趋势的变动对其利润空间的挤压，破产、倒闭和重组将变得更为频繁。

第四，金融体系风险加大。在资本项目开放后，大规模的资本流入和流出使我国的金融体系受到全方位的冲击。尤其是银行业、证券业的所面临风险会显著增加。我国证券业发展历史短暂，即使在相对封闭的经营期，资不抵债而倒闭或被兼并、重组的情形也是很多，其风险控制、产品研发、经营水平与国际投行更是相去甚远。

3. 人民币资本项目开放的可行性方案。实现人民币资本项目开放，就开放项目和内容而言，主要是指对外投资、证券市场业务、货币市场业务、金融衍生品业务、对外贷款业务等。开放应遵循的总体原则为：先开放逆转风险较小的项目、后开放流动性较高的项目；先开放易为经济体承受的项目、后开放难度较大的项目。具体来说，先开放长期资本流动，后开放短期资本流动；在长期资本范围内，先开放直接投资，再开放证券投资；在证券投资中，先开放债券投资，再开放股票投资；非居民交易自由化可以先于居民交易自由化，即首先放开非居民到国内的直接投资和证券投资，然后放开居民对海外的直接投资和证券投资，以加强外资资金运用、维持国际收支可持续平衡、增进投资经验积累；在居民投资自由化过程中，居民个人和居民企业自由化可以齐头并进，但要注意在开放额度上逐步增大，风险可控。

7.4.4　发展离岸金融市场

离岸金融的发展对其货币国际化有重要推动作用，离岸金融市场实际上为本币自由流动提供了一个良好的展示舞台。以日元国际化为例，日本离岸金融市场创立之初，交易中的外币部分占到总额的80%左右，随着管制政策的放宽，离岸业务中欧洲日元交易发展十分迅速，日元通过离岸金融市场找到广阔的业务空间，逐渐成为市场主要结算货币，日元交易比重升至交易总额的2/3，离岸金融市场成为日元国际货币的重要平台。

开辟离岸金融市场可以进一步集聚沉淀在周边国家的境外人民币，促进人民币境外有序循环，改变境外人民币分散无为的局面，促进人民币投资工具体系的形成，增加人民币投资渠道；增进人民币国际贸易结算中的定价能力；拓展人民币使用范围和国际货币职能的层次；提高人民币境外接受度。

1. 依托香港离岸金融中心发展人民币离岸业务。选择香港作为离岸金融中心发展人民币离岸业务主要是基于以下几点考虑：第一，香港本身就是离岸金融中心，全球金融机构集聚，离岸业务规模庞大，品种丰富；第二，香港与大陆地区金融联系紧密。现有的 CEPA 框架使中港经贸关系十分紧密。香港一直是内地企业上市的首选之地，CEPA 支持内地具备相当条件的保险企业、民营企业、民营银行到香港资本市场上市。根据 CEPA 中有关银行证券业合作方面的规定，CEPA 鼓励双边银行业开展合作。内地支持国有独资商业银行和部分股份制商业银行将其国际资金、外汇交易中心移至香港，增强对国际金融业环境的适应能力，同时，也增强香港作为资本运营中心的地位；第三，央行在香港的人民币清算安排，使人民币国际化和人民币离岸业务发展相辅相成。央行在香港的人民币清算安排，已使香港成为人民币国际化的窗口，同时，央行允许香港银行办理人民币存款业务，并在香港发行人民币债券，已为香港人民币离岸业务发展打下良好的基础。香港是目前人民币境外流通数额最大的区域。按照央行有关研究，目前香港已呈现人民币兑换净外流现象，表明人民币存在境外需求，这些因素均为人民币离岸业务酝酿着成功的条件。可以预见，香港在人民币离岸存贷、债券发行、衍生品业务等方面均有广阔的发展前景。

2. 有序推进上海离岸金融中心建设。总体而言，大陆地区离岸金融业务受制于国内金融自由化、资本项目开放等方面进展，发展有限：（1）资金流动自由度有限。离岸金融业务从某种意义上来说是在金融自由化的基础上、较资本项目开放对金融监管宽松要求更高的金融活动，就一国而言，在获准开展离岸金融业务的区域，需对国际资金的流动提供尽可能的自由，否则就不具有吸引力。（2）跨国金融机构无法开展规模业务。由于金融业务种类相

对较少，国内金融市场上，全球性的大银行等机构，无法得到全面
开展离岸业务的空间和平台，金融业务的规模必然有限。（3）相
关的制度设计不完善。离岸市场制度设计涉及领域较多，在离岸业
务制度中，"非居民原则"是其中基本原则之一，包含了对入境资
金公平合理、不歧视、信息透明等原则。此外，涉及离岸金融市场
建设的金融法规繁多，金融合约中常见有贷款方式、风险担保、保
障、资金使用约束、贷款归还，利率支付方式等法律关系，需要有
诸如《离岸银行法》等相应的完备的法律支持。发展大陆地区人
民币离岸业务需与资本项目开放、金融市场建设、法律法规建设同
步进行。可以利用推行人民币国际贸易计价结算的契机，针对人民
币海外债权回流的投资需求，加快大陆地区人民币离岸业务的发
展。鉴于上海已拥有较完备的金融市场，且近期国务院已发文进一
步明确支持上海国际金融中心建设，可以考虑大力发展上海人民币
离岸业务，推进上海离岸金融中心建设。

7.5　小　　结

在总结已有货币国际化成功经验和分析人民币国际化现状与影
响因素的基础上，本书对人民币国际化的路径设计和进程研究得出
以下结论：

第一，当前来看，人民币在周边区域具有一定的影响力，但国
际化水平仍然很低。人民币国际化的优势主要体现在对外贸易中，
而约束条件是中国的经济基础和金融基础还比较薄弱，需要经过长
期努力才能实现突破，因此人民币的国际化一定是一个漫长而艰苦
的过程，中国需要将目前拥有的在量上积累的优势转化为在经济和
金融上的真正的竞争实力，这才是人民币国际化的根本出路。

第二，从已有货币国际化的经验来看，曾经的英镑和现在的美
元的国际化道路是不可复制的。中国不具有依靠一国之力单独实现
人民币国际化的实力，为了增强本国货币的国际影响力，加强与其
他国家之间合作，走区域化道路是必然选择。

第三，人民币国际化需要建设币值稳定的货币制度和完善的金融市场体系。

第四，人民币国际化一定要遵循从周边化到区域化，再到国际化的路径，遵照"循序渐进、稳中求进"和"发展自己、等待机遇"的原则。

第 8 章

人民币国际化的政策选择与风险防范机制

8.1 人民币国际化的政策选择

8.1.1 经济环境建设

从根本上说，一国货币的国际化是这个国家总体经济实力强大在货币形态上的反映。具体来说，一国货币走向国际化是由这个国家经济基本面所决定的，较大的经济规模、较强的国际支付能力以及可持续增长态势是建立交易者对这种货币信心的经济基础；一国的经济开放程度较高并在世界经济中占有重要地位能够使市场交易者对这个国家货币有较大需求。

1. 继续保持经济快速增长。从某种意义上说，继续快速提高中国经济实力是人民币国际化的根本和基础条件。树立和落实科学发展观，根本着眼点是用新的发展思路提高经济增长的质量和效益，实现经济又快又好发展。

首先，加快转变经济增长方式。推进经济结构调整和转变经济增长方式，是实现经济持续快速协调健康发展的重要着力点。要紧紧抓住加快经济结构战略性调整这条主线，着力解决产业结构层次低，城乡、区域发展不协调，投资和消费关系失衡，经济效益不高的问题。其次，坚持做好"三农"工作，建设社会主义新农村。"三农"问题始终是我国革命、建设、改革的根本问题，同时"三农"问题也是全面建设小康社会进程中的关键问题。建设社会主义新农村是一项系统工程，要有计划有步骤有重点地推进。再次，建设创新型国家。创新是一个国家进步的灵魂，是一个国家兴旺发达的不竭动力。最后，建设资源节约型、环境友好型社会。正确处理经济发展与人口、资源、环境的关系，统筹考虑当前发展和长远发展的需要，不断提高发展的质量和效益。

2. 提升国际分工地位。从本质上来看，国际货币的背后是这样一种经济系统——具有良好的制度安排，从而使市场交易效率与分工程度形成了良性循环，在此基础上造就了国际分工中具有强势地位的国家，而货币国际化就是其分工体系在国际上的进一步扩展。随着劳动生产率的相对提高，一国货币对外价格也会随着相应提高。而货币国际化进程的根本动力之一，恰好是劳动生产率提高从而带来国际分工地位的提高。

3. 调节并维持国际收支平衡。宏观经济持续协调发展，内外均衡是重要条件之一。但是，中国国际收支不平衡加剧是当前金融领域中存在的主要矛盾之一。促进国际收支平衡已成为统筹国内发展和对外开放，实现经济又好又快发展的重要一环。改革开放30余年来，中国的国际收支结构经历了"经常项目逆差＋资本和金融项目顺差"（20世纪80年代）与"经常项目顺差＋资本和金融项目顺差"（20世纪90年代至今）两个阶段。目前，国际收支失衡问题更趋严重。

我国未来国际收支结构的调整可以采取"三阶段"方案：短期实现经常项目顺差、资本和金融项目逆差；中期实现经常项目与资本和金融项目的大致平衡；长期实现经常项目逆差、资本和金融项目顺差。通过短期、中期和长期"三阶段"方案，最终实现中国国际收支结构的项目间平衡与跨期间均衡。

8.1.2　完善金融环境

1. 提高中国的金融宏观调控水平及金融监管水平，完善人民币流动监测机制，切实防范和化解人民币国际化进程中的金融风险。

热钱冲击一国金融市场和货币的一个重要条件是取得该国货币，人民币国际化意味着非居民将更便利地取得人民币，这必然带来投机风险的增加。亚洲金融危机时期，国际游资通过离岸金融市场取得泰铢而后对泰国金融市场发起立体攻击，即股市、汇市、期市联合攻击，最终导致泰国放弃固定汇率。因此，如果非居民持有大量人民币，人民币回流也具有正式的制度安排，在人民币汇率面临升值或贬值波动时，境外人民币资金可能会采取与变动方向相同的资金安排，从而加大人民币汇率波动的幅度，这对金融管理水平提出了更高的挑战。

此外，与人民币国际化进程相伴随的是反洗钱风险、货币流通速度不确定风险以及货币政策有效性削弱等风险的加大，这必然要求中国的货币当局及金融监管机构不断提高宏观调控水平及金融监管水平，吸收已实现货币国际化国家的有益经验，有效地识别、防范和化解各类风险。

2. 加快金融体制改革进程。改革开放30多年来，我国金融业在创建独立自主的货币制度、维护金融稳定、支持经济发展和经济结构调整等方面发挥了重要作用，已成为宏观经济管理和调控过程中不可或缺的重要渠道。尽管我国金融体制改革取得了非常巨大的成就，但不可否认，在当前金融体制建设中依然存在许多十分复杂的问题，我国金融体制改革未来的方向主要是以下几个方面：

一是在未来一段时间中首先巩固前一阶段金融机构改革的成果，进一步提高银行业、证券业、保险业竞争力。

二是金融改革更为注重向金融资源的均衡化方向发展。一方面，让城市和农村都均衡地获取金融资源，提高农村金融服务环境；另一方面，解决融资结构性矛盾。

三是区分各类金融机构改革的重点，有针对性地采取措施，深化、完善金融机构改革。

四是积极推进多层次金融市场体系建设，创建良好的市场竞争环境，进一步发展金融市场。应大力发展资本市场，加快发展债券市场、构建多层次金融市场体系。

五是完善对外资金融机构的监管、引导，加强金融合作，提高对外开放的质量。

3. 推动国内金融市场发展。大力发展国内金融市场，建立国际金融离岸市场，朝着金融市场国际化的方向努力；加快我国金融市场发展的步伐，把我国建设成一个金融市场高度发达的国家，是实现人民币国际化的重大基础条件之一。

近年来我国的金融市场发展较快，但不论是市场的广度还是深度，与发达国家相比都还存在着很大的差距。并且，我国金融市场还存在较严重的结构性失衡问题。发展我国金融市场，包括发展资金拆借市场、短期国债市场、长期资本市场、期货市场等，完善证券交易所功能，健全各项证券交易法规，提高企业的直接融资意识等，但各种金融市场的完善要有先有后，有步骤、有重点地进行。从近期来看，最紧迫、最重要的是发展我国的短期国债市场。另外，为发展我国金融市场，还必须积极推进金融产品创新。实践证明，以金融产品创新为重点，依靠市场主体的积极性和创造性，继续大力推动金融创新，并通过推进金融市场基础设施建设和制度完善，建立金融创新的长效机制，是适应金融业务综合化、金融活动国际化、金融交易电子化和金融产品多元化的发展趋势，进一步提升中国金融市场发展水平的必然选择。

8.1.3 制度环境构建

1. 建立合理的非对称利率市场化机制。一国货币国际化需要金融自由化、金融体系对外开放的支持，当货币国际化进入高级阶段，更需要以后者为前提。利率市场化是一国金融自由化的关键内容。人民币国际化需要中国利率体系市场化的支持。本节对我国利率市场化改革的进展、现状作全面分析，并对实现利率市场化提出建议。

利率市场化是指利率水平的决定机制由金融市场资金供求双方自主确定。具体讲，利率市场化是指通过某一金融产品找到基准利率，再通过市场机制形成不同金融产品各自不同期限的利率曲线，中央银行通过调控基准利率就可以影响不同金融产品的利率水平。如对于商业银行存贷款利率水平，由原本中央银行直接制定贷款等金融产品的利率水平，演进为通过市场机制，根据资金供求状况，形成不同金融产品利率水平关系，中央银行通过干预基准利率即可。我国利率市场化应该包括以下内容：

一是金融交易主体参与利率水平决定。利率是金融资产的价格，应该和其他商品的价格一样，随市场供求关系的变化而变化。利率市场化就是货币当局放松甚至解除直接决定利率水平，改为让金融机构作为主体，按照资金市场供求情况，自主确定利率水平，货币当局保留影响利率水平的权利。

二是利率的数量结构、期限结构和风险结构应反映市场意志。同其他商品一样，金融商品交易也存在批发与零售的价格差别、风险差别和期限差别。金融交易市场主体应该有权根据交易的数量（或规模）、期限、风险，确定具体利率水平，通过众多市场交易主体的共同作用下，形成代表整个金融市场的利率数量结构、期限结构和风险结构，而不是由货币当局测算确定，而且后者并不存在如同市场那样的精细测算能力。

三是政府（或中央银行）享有间接影响利率水平的权力。利率市场化并不排斥货币当局对利率调控的权利，关键是要以市场供求为主导，货币当局根据货币政策需要所进行的调控行为应居于次要地位，间接影响的地位，这样才能真正发挥市场机制的效率。

2. 完善人民币汇率制度。

（1）调整汇率政策，放弃低汇率政策。在制定汇率政策时，应将汇率目标与经济基本面总体保持一致作为重要的指导原则。经济发展较快时，允许人民币合理升值，适度升值可以降低经济过热的压力；经济基本面不利时，让人民币适度贬值，刺激出口和经济复苏，当然还要根据实际情况实施具体政策组合。此前，人民币以货币低估构筑出口竞争优势，拉动经济的政策应减少使用。

（2）建立包含更富有弹性的汇率制度的非角点解组合。"三元悖论"阐述了在独立的货币政策、资本自由流动、固定汇率制度三个角点解之间只能三选其二，发展中国家经济金融危机也为该理论提供了佐证，但"三元悖论"未探讨也未能排除非角点解组合的可能。从中国汇率制度选择的进程来看，央行选择是固定汇率制度和独立货币政策组合，但由于资本项目管制的局限性，游资出入不可避免，这就对独立货币政策和固定汇率制度势必造成冲击。因此，实际组合效果是："汇率爬行盯住 10 部分货币政策独立性 + 部分资本项目开放"。综合前述汇率制度绩效分析，有必要实行更富有弹性波动汇率制度。

（3）建立盯住目标区制度。

——盯住目标区制度的优点。目标区汇率制度除了具有盯住汇率制度的稳定性和浮动汇率制度的灵活性、防冲击性，宜于货币政策获得较强独立性等方面带来便利之外，对中国还有以下两方面优势：一是汇率目标区的建立可增强我国汇率政策的灵活性，使得汇率稳定和市场波动更有效结合。汇率弹性增加，中央银行控制汇率的责任会相对减轻，央行可以通过中心汇率、波动区间管理进行干预，使汇率朝着有利于本国经济发展的方向移动。在有效实施相对稳定的汇率政策的同时，汇率在波动区间内可以真正浮动起来，市场的信息可以进一步发挥作用，使我国整个汇率制度体系包括资本项目开放、外汇市场改革等都有了相配套的机制和基础。二是通过明确、公开汇率目标区以及加强人民币汇率双向波动，有利于稳定市场预期。当然这需要央行周期性调节中心汇率，使汇率目标区与宏观经济面的信息总体保持一致，在这一前提下，通过明确的、公开的汇率目标区，传递给市场参与者一个稳定的预期，使市场参与者行为方式与中央银行的目标趋于一致，中央银行与市场参与者共同把汇率运动的轨迹置于区间内。

——确立合理中心汇率。真正与一篮子货币挂钩，综合贸易比重、国际投资等因素，确定篮子货币比重，努力减少美元权重。保持名义汇率与人民币有效汇率总体稳定关系，保证名义汇率与经济基本面相一致。可以采取评估方式，定期公布中心汇率。评估期限为半年；根据进出口贸易比重的变化，对篮子货币比重构成调整；如综合经济基本面、价值判断、市场技术指标发现人民币汇率构成长期因素发生变化，则予以爬行调整。调整应循序渐进地进行，减轻对金融市场和宏观经济短期过度波动的负面影响。

——实施波动区间管理。逐步放宽甚至取消日波动限制，并推进人民币汇率市场形成机制建设，加强金融市场市场培育，加强信息披露和政策透明性，实施汇率目标区管理。对于汇率波动短期因素，可以通过设立外汇平准基金予以干预，干预主渠道为人民币/美元。面对汇率波动长期因素，则应如前述调节中心汇率。

3. 积极稳妥地推进我国资本账户开放。资本项目可兑换是指避免对跨国境的资本交易及与之相关的支付与转移的限制，避免实行歧视性的货币安排，避免对跨国资本交易征税或补贴。在当前人民币已实现经常项目下自由兑换的情况下，资本项目开放已是人民币实现自由兑换的关键内容。

（1）关于资本项目开放排序理论的讨论。排序理论兴起于 20 世纪 80 年代中期，主要是由于当时拉美国家在经济自由化过程中，资本项目开放带来外部冲击，国际学术界就资本项目开放议题展开广泛讨论。大多数学者认为，资本项目开放能否取得成功，很大程度上和开放的顺序相关联，如能按"最优"的顺序逐步实行，便会使经济改革的时间最短，成本最低，风险最小。因而，经济改革应当或必须最优地排序。

尽管并非所有学者赞同排序理论，大多数学者根据各国资本项目开放的经验对排序理论予以认同，尤其是在经历东南亚金融危机后，许多研究认为金融危机频发与资本账户自由化有关，其中具有代表性的学者和观点如下。Johnston（1997）在研究了智利、印度尼西亚、韩国和泰国的经验后认为，资本账户开放应当融入到宏观经济结构性改革设计中，才能使风险最小化，而资本账户项目下部分高风险项目开放，如证券投资项目等的自由化，更应该与国内金融部门自由化改革进度相协调。Williamson（1997）强调，除非是不存在金融扭曲的情况下，快速全面开放资本账户可能是最优的做法，否则，传统的做法，把资本账户开放安排在改革的后期，被证明是正确的。因为在经济改革取得成功和公司足以承受金融冲击以前，大规模资金流出入，会使金融市场不稳定，并扰乱商品市场。例如，大规模资金外流，会促使该国不得以提高利率吸引资金，从而影响企业正常融资，或者，大规模资金流入，推动汇率升值，影响该国出口。Edwards（2001）研究了资本流动与经济增长的关系，其结果显示，排除其他变量影响，资本账户较为开放的国家，经济增长的表现要好于对资本账户实行严格控制的国家。但也有证据显示，实现这一效果的前提是该国的经济发展达到了某种程度以后，开放资本账户才对经济增长有积极的影响。具备发达的金融市场是一个可能的解释。Habeimeier（2002）主张，资本账户开放的排序设计，应建立在对本国资本管制状况、宏观经济和金融部门的脆弱性做出评估的基础上，并以此来设计金融改革和资本账户自由化的相互交织的顺序。

（2）开放资本项目的一般步骤。资本项目开放排序，包括三个方面，一是资本项目开放与经济、金融改革的先后关系；二是资本项目开放与经常项目开放的先后关系；三是资本项目开放内部的先后次序。由于各国经济状态不同，实际情况差别很大，研究表明资本项目开放需依赖所处经济的初始状态，选择适合的路径，因此先后次序也就不尽相同。尽管如此，我们根据各国资本项目开放的总体情况，尤其是发展中国家的开放经验，可以归纳如下：

对于第一层次序，按照次优理论，应在开放资本项目之前，就经济、金融作相应的改革或调整，以满足资本项目开放所需要的条件。对于第二层次序，按照国际收支可维持性的要求，各国一般先开放经常项目，再开放资本项目，对于发达国家也有在条件支持的情况下，二者同步开放。这两层次序，总体上已得到 IMF、各国决策层、国际学术界广泛认同。对于第三层次序，差别相对较大，各国开放步骤各有特色。如印度尼西亚资本流出的限制很早就开放了，但资本流入的限制是逐步放开的；以色列则是放开了资本流入的限制，而逐步放开对资本流出的限制；泰国将鼓励资本流入作为经济政策的一个部分；韩国则依国际收支的状况制定政策，国际收支状况好转时，则放开资本流出，恶化时，则放开资本流入；而匈牙利在国内储蓄率低，资金不足的情况下，率先取消了境内企业和个人海外投资、贸易信贷等资本流出的限制，显示了政府的信心和政策的稳定，增强了外国投资者的信心，反而促进了资本的流入，并且促进了这些资本进行长期投资。

（3）我国渐进开放资本项目的设想。2003 年 10 月 14 日，党的十六届三中全会通过的《中共中央关于完善社会主义市场经济体制若干问题的决定》中，提出了要"在有效防范风险的前提下，有选择、分步骤放宽对跨境资本交易活动的限制，逐步实现资本项目可兑换"。2005 年 10 月 11 日，党的十六届五中全会通过的《中共中央关于制定国民经济和社会发展第十一个五年规划的建议》中进一步明确指出，"稳步推进利率市场化改革，完善有管理的浮动汇率制度，逐步实现人民币资本项目可兑换"是我国"十一五"期间加快金融体制改革的重要内容。这是我国首次将人民币资本项目可兑换问题纳入五年规划之中，同时也标志着人民币资本项目可兑换的战略基本明确，即"逐步实现可兑换"。2007 年 10 月 15 日，党的十七大报告中再次强调"逐步实现资本项目可兑换"，表明人民币资本项目可兑换战略确立，所采取的是渐进模式。

实现人民币资本项目开放，就开放项目和内容而言，主要集中于直接投资项目下的对外投资、证券市场业务、货币市场业务、金融衍生品业务、对外贷款业务等。开放应遵循的总体原则为：先开放逆转风险较小的项目，后开放流动性较高的项目；先开放易为经济体承受的项目，后开放难度较大的项目。具体包括，先开放长期资本流动，后开放短期资本流动；在长期资本范围内，先开放直接投资，再开放证券投资；在证券投资中，先开放债券投资，再开放股票投资；非居民交易自由化可以先于居民交易自由化，即首先放开非居民到国内的直接投资和证券投资，然后放开居民对海外的直接投资和证券投资，以加强外资资金运用、维持国际收支可持续平衡、增进投资经验积累；在居民投资自由化过程汇中，居民个人和居民企业自由化可以齐头并进，但要注意在开放额度上逐步增大，风险可控。具体开放安排可以考虑按以下三个阶段逐步推进：

第一阶段安排设想。当前阶段资本项目开放的主要经济背景特征是，2006 年年底，国家已允许认可有需要的企业开立外币账户；2008 年进一步放松企业外汇强制性结售制度，放宽企业持有外汇额度，且我国外汇储备十分丰富。因此，目前已具备鼓励国内资本适度流出的基础条件。

在直接投资项目下，应放松国内企业尤其是民营企业对外直接投资。同时，对国有企业对外投资持审慎态度。这主要是考虑到我国国有企业产权制度、公司治理等方面还不完善，对外直接投资风险较高，容易造成国有资产损失，而民营企业产权制度相对明晰，约束和激励制度较完善，取得成功的几率相对较大。对于证券投资项目，本阶段可以在既有的 QFII、QDII 模式上进一步拓展。对于 QFII，这一阶段主要是放宽额度。对于 QDII，在额度上，继续扩大；在资金来源方面，本国居民个人可以人民币兑换外汇投资，本国居民企业也可以自由外汇资金参与对外投资；在品种上，仍应以风险较小金融产品为妥，包括债券、股票及部分货币市场产品，金融衍生品应不在其内。同时，可以积极扩大国际债券发行，在现有基础上，加速开放国际机构来华发行人民币债券，并在国际市场（包括在香港市场等）上继续发行人民币面值债券等。

在其他投资项目下，如非居民向我国居民提供贷款方面的限制，按照加入 WTO 后我国开放我国金融市场的承诺，5 年过渡期已于 2006 年年底结束，2006 年 12 月 11 日起施行的《中华人民共和国外资银行管理条例》已明确在本土注册后，外商独资银行、中外合资银行将可以经营部分或者全部外汇业务和人民币业务。经中国人民银行批准后，还可以经营结汇、售汇业务，因此，在我国注册的外资金融机构，也可以向国内企业发放贷款，原来限制非居民向我国居民提供贷款的规定已失去意义，所以可以放开金融信贷项目下的非居民对居民的贷款，仅从控制外债规模的角度，对贷款额度予以监控和管理。

　　第二阶段安排设想。这一阶段应具备的条件包括：一是国内企业的国际竞争力进一步增强，部分优秀企业实施全球战略的愿望较为强烈，能力初步具备；二是在金融自由化方面，利率市场化改革初步取得成功，市场利率曲线初步形成；三是国内金融市场建设有新的进展，如债券市场尤其是企业债券市场取得很大发展，债券品种丰富，金融衍生品市场已经形成，股指期货等期货、期权金融衍生产品逐步推出，通过金融衍生产品进行理性投资、保值的市场行为已得到广泛认同，并能对市场风险实施有效监管。

　　在直接投资项目下，进一步放宽国有企业和民营企业对外直接投资，允许企业在这一项目下以人民币兑换外汇。在审批制度上，对民营企业逐步实行核准制，对国有企业审批通过后，予以兑换外汇；在对外直接投资额度上，以保持国际收支盈余为基本原则，实行总量规模控制和管理。

　　在证券投资项目下，一是逐步实行债券市场发行自由化，支持我国企业赴海外市场发行债券，同时，允许国外金融机构来华发行债券。二是继续按照 QFII、QDII 模式推进投资自由化。在非居民本土投资方面，额度上，根据市场承受能力和监管能力逐步扩大；在投资品种上，逐步取消限制，除了可以投资债券、股票之外，还可以投资货币市场产品和金融衍生产品。在居民对外投资方面，在投资资金上，可以取消本国居民个人投资的限制，允许外汇兑换，对本国居民企业，仍以自有资金为主；在投资产品上，逐步允许高风险产品包括金融衍生产品投资，积极积累国内投资和监管经验。

　　第三阶段安排设想。这一阶段应具备的条件包括：一是国内企业已具备较强的国际竞争力，部分优秀企业已能在各自行业内在全球范围展开竞争；二是在金融自由化方面，利率市场化改革已取得成功，利率已由市场为主决定，金融机构和企业已具备较强的利率风向管理能力；三是在金融市场建设方面，整个金融体系已趋于成熟、完备，债券、股票、衍生品市场种类齐全，交易品种丰富，市场自主创新能力和风险监管控制能力强，金融机构已积累较丰富国际投资经验。

在直接投资项目下，逐步取消审批制度，改为行业指导，对具有国际竞争力的企业包括金融机构予以鼓励和支持，放开企业到国外金融市场发行债券或发行股票募集资金。在证券投资项目下，逐步取消 QFII、QDH 的额度管理，放开企业证券项目下对外投资的外汇兑换管制，同时，逐步放开非居民到我国金融市场投融资，允许非居民到我国金融市场发行债券和股票融资。这样就基本完成证券投资项目下的自由兑换进程。

8.1.4　加强推动国际合作

人民币用于国际结算本质上是本币用于国际结算。人民币用于国际结算即允许进出口企业以人民币计价结算，居民可向非居民支付或接受人民币，允许非居民持有人民币存款账户以便进行国际结算。

推行人民币国际结算有别于此前边贸中人民币计价结算。边贸中使用人民币结算以现金结算渠道为主，银行账户转划占比相对较小，结算所对应的贸易主要为小额的边境贸易或黑市交易，人民币一定程度上发挥了的国际结算职能，但仍以非主流渠道为主。

1. 推行人民币国际结算对于人民币国际化的意义。推行人民币国际结算对推进人民币国际化有重要意义。首先，在进出口合同中以特定货币计价，基本上反映了该货币在国际经济交流中的重要性和该货币在世界货币格局中的地位。在进出口合同中以人民币计价，说明中国经济在世界经济中占有重要的地位，人民币国际地位较高。其次，从货币国际化进程来看，货币国际化大体按照以下路径演进：（1）在国际贸易中被广泛用于计价结算；（2）在国际投资中被广泛用作投资手段；（3）成为各国外汇储备的主要货币之一。之所以有这样的顺序，是因为如果一国货币能广泛用于计价结算，在国际贸易带动下，以及由此发展起来的贸易融资、存贷款市场、银行间拆借业务都会促进该货币跨境流动，进而会促进在国际投资中使用该货币。如果该货币被广泛用于国际贸易和投资，那么他国政府就会储备该种货币，以应对国际贸易结算、国际投资、外汇市场干预等方面需求。因此，货币广泛用于国际贸易计价结算，是货币国际化的首要环节。再次，推行人民币国际结算有利于人民币在国际货币体系格局中占据一席之地。布雷顿森林体系解体后，美元仍然充当全球中心货币角色，是最主要的国际储备货币。作为中心货币，美元获取国际铸币税等利益，同时输出通货膨胀、转嫁金融风险。目前，美联储继续采取宽松货币政策，向市场注入大量流动资金，在全球范围内分摊次贷成本，再次证明了现行货币体系以美元霸权为内容的内在逻辑，同时也为世界各国包括亚洲国家所指责。在目前美元显现颓势之际，推进人民币国际结算，容易得到周边国家认同，有利于提升人民币的国际地位。

2. 推行人民币国际结算的现实基础。人民币发挥国际结算职能，首先取决于是否存在市场需求。目前，居民和非居民对人民币用于国际结算存在实际需求。10 多年来，人民币兑美元汇率一直呈稳中有升的态势。尽管 2008 年中国的 CPI 约为 6%，但仍属可控水平，尤其面对全球金融危机冲击，中国经济所受影响相对较小，人民币兑美元仍然呈乐观态势。在这一背景下，人民币在亚洲地区可接受度明显上升，在国际贸易中以采取人民币结算的现实性增加。目前，对使用人民币进行国际结算需求较大的境内外企业至少有以下六类：（1）具有选择结算币种和定价能力的境内进出口商；（2）希望从人民币升值中获取收益的境外出口商（向我国出口）；（3）母公司在境内、在东亚和东南亚区域有直接投资的中资企业；（4）母公司在境外、在大陆有一定投资规模的中资企业；（5）母公司在境外、与境内子公司贸易往来频繁、在大陆有一定投资规模的中资企业；（6）母公司在境外、在大陆境内设有地区总部的企业。

3. 实行人民币国际结算面临的挑战和建议。

（1）国内外清算安排问题。这包括两方面问题。一是在硬件方面，即国际结算网络建设方面。现有的跨境清算网络是境内支付系统的延伸，如香港地区人民币业务清算网络，是央行与香港金融监管局在达成清算安排后，将央行在国内的现代化支付系统

（CNAPC）延伸至清算行中银香港，实现人民币跨境清算。推行人民币国际结算，在技术上是不存在问题的，主要是可能面临业务量的挑战。例如，目前纽约为中心的美元清算体系中，超过90%的清算量为美元国际清算。因此，建议在推行人民币国际结算的同时，应加强支付系统网络建设，可以考虑将现行的央行支付系统（CNAPC）用国内支付结算，另行建设专门用于人民币国际结算的支付系统。

二是清算制度安排即代理模式问题。这里有两种考虑。第一种是将香港清算行模式在周边国家推广。在境外设立人民币清算银行，境内外之间的人民币资金划拨通过清算银行进行。境外清算行负责接受当地其他银行人民币存款，支付利息，并负责境内外之间的人民币现钞调运。央行及其分支机构为清算银行开立清算账户，接受清算行的存款，并支付利息。允许境外清算银行进入国内银行间外汇市场，进行人民币头寸平补。清算行模式有利于对跨境流动资金有效监管，但需要有可靠的商业银行，且央行与当地金融监管机构拥有良好关系。第二种是采取代理行模式。代理行模式为当前国际货币跨境划拨的主流模式。境外银行与在银行人民币大额支付系统开户的银行海外分支机构广泛建立代理关系，实现跨境银行间人民币资金支付转移。代理模式有利于推广人民币结算和使用，有利于人民币国际化发展，但对人民币跨境流动监测难度会加大，对离岸人民币管理的可作为性相对较弱。从现实角度来看，在推行人民币国际结算过程中，通过代理行模式实现境内外银行间资金流动比较现实。

（2）人民币海外债权自由兑换问题。当中国的进口商以人民币对外支付，形成人民币海外债权后，这部分人民币海外债权能否自由兑换？因国际结算流出形成的境外人民币存款如未及时兑换，是否可以继续享受自由兑换的便利？

由于国内企业接受人民币支付可以避免汇率风险、节省避险支出和兑换成本，可以预见，国内企业对人民币的接受度较高。人民币国际贸易结算推广的关键是境外企业接受人民币支付的意愿度。

只有在人民币海外债权能自由兑换的情况下，持有人民币债权才真正拥有结算便利。因此，人民币国际贸易计价结算必须允许人民币海外债权能自由兑换，而且应允许海外人民币债权可以境内和境外兑换，可以随时兑换，人民币国际贸易计价结算才会真正获得成功。

（3）境外人民币回流管理问题。境外人民币回流境内是否受相应的资本及金融账户管理限制？对于海外人民币债权，除了允许其用作向我国进口支付，还应允许其用于对我国的直接投资，以及投资于国内的人民币资产及金融市场。用于直接投资的应视作外资，享受外商投资优惠政策。投资于国内的人民币资产及金融市场的，应参照相应的资本和金融账户管理，受相应管制。为增进海外持有人民币的意愿度，应考虑加大资本项目开放进度，发展人民币离岸金融市场，丰富人民币投资品种，满足非居民对人民币各类投融资产品以及金融衍生产品等的需求。在促进人民币国际化的同时，积极带动国内金融业务发展和金融机构壮大。

8.2　人民币国际化的风险防范机制

一国货币的国际化往往是市场自由选择的结果，存在一定的必然性和偶然性。国际市场交易者对这种货币的信心和需求，决定了这种货币必然在世界货币体系中发挥越来越重要的作用，并促使这种货币最终成为国际货币。人民币国际化是中国经济持续增长和综合国力不断增强的必然趋势和必然要求。然而，在人民币国际化的进程中仍然存在着许多不确定因素和风险，如果对这些风险防范和控制不当，就有可能阻碍人民币国际化进程的不断深化，甚至引发人民币国际化进程的逆转，从而对我国经济、社会的发展造成影响和冲击。因此，如何积极有效地防范人民币国际化过程中的风险是人民币国际化进程顺利与否的关键。

8.2.1　实行人民币资金流出的总量控制

1. 通过贸易信贷管理防止投机资金冲击。我国已于 1996 年 12 月实现了经常项目的自由兑换，对于贸易项下收支不采取限制跨境资金转移的措施，但要通过核销环节进行资金流和物流的匹配，确保贸易背景的真实性。在境内金融机构、中外资企业资本金和外债均存在明确的法规，如中外资金融机构借用外债实行外债指标管理并纳入外债统计监测系统，外资企业借用外债采取"投注差"规模控制，中资企业借用外债实现审批，企业资本金结汇采取支付结汇制管理防止无用途结汇，企业资本项下资金汇出采取核准制，境内外证券投资采取 QFII 和 QDII 制度，这些管理措施和政策有效地防范了国际投机资金的跨境套利行为，但是由于经常项目的兑换，国际投机资金完全可能通过贸易项下预收预付等贸易信贷途径实现跨境套利，为堵住这一管理漏洞，从 2008 年 7 月 14 日开始，外汇局采取了贸易信贷登记管理和额度控制措施，加强贸易信贷真实性的核查，这一政策发挥了积极的作用。

跨境贸易项下人民币结算面临同样的问题。企业完全可能通过预收预付等途径实现人民币资金的跨境流动，根据本外币利差和汇率波动情况采取相机策略，这将加大人民币汇率波动，干扰中国的货币政策。因此，人民币贸易信贷也应按照外汇贸易信贷的操作，实行登记管理和额度控制。由于预收、预付阶段没有报关单信息，应作为人民币国际化进程中防范人民币投机资金的管理重点。在操作上，可以根据企业的历史数据，测算企业正常的贸易信贷规模，对于超过正常比例的贸易信贷以及贸易信贷规模波动较大的企业实施现场和非现场检查，对于无贸易背景的行为予以处罚，违规的不仅停止其跨境人民币交易，并追究企业和相关人员责任。

在人民币国际化初始阶段，由于非居民对人民币及其标价的金融资产的信任存在不确定性和摇摆型，一旦人民币币值的稳定性存在不信任，非居民将会把持有的人民币转换成其他可自由兑换货币，导致境外人民币资金的集中回流。在中国资本项目管理的形势下，资本项目外汇资金的跨境收支都需要进行真实性和合规性审核，而此类境外流通的人民币资金却可以通过正规的渠道回流，货币当局不便采取控制措施，否则将影响中国的货币信用。因此，人民币资金的回流都将加大人民币汇率及国内市场人民币供应量的波动，因为，非居民在境外可以在指定银行将人民币兑换成其他货币，如果此类交易规模庞大，形成的人民币汇率势必影响中国境内的人民币汇率，从而影响中国利率、就业、进出口和产出。在人民币国际化进程的初始阶段，需要对人民币流出境外的规模进行适当控制，宜采取逐步扩大规模的方式，避免因突发因素影响导致人民币价值波动，引起国际市场上非居民抛售人民币的反向货币替代现象。在人民币价值基本稳定，人民币国际化程度提高后，人民币的输出规模可以随之扩大，以充分获取铸币税的收益。

2. 为防止人民币回流干扰货币政策或影响汇率稳定，人民币回流应实行总量控制。待人民币跨境贸易试点效果及货币政策调控技术逐渐适应跨境人民币流动后再逐渐放开。一国在制定促进本国货币国际化的战略时，必须根据本国的政治经济状况，制定分阶段的货币国际化状态目标，依据目标状态所需条件设计相对应的政策措施，既要防止在不满足条件的情况下高估本国货币国际化状态带来的风险，又要避免低估本国货币国际化的潜力而失去有利时机。

8.2.2　建立人民币跨境资金流动信息管理系统

建立人民币跨境资金流动信息管理系统，将人民币的贸易项下收支、非贸易项下收支以及跨境投资、跨境借贷等纳入信息管理系统，全面采集人民币跨境流动的相关信息，为宏观决策服务。

尽管外汇管理局已经对于境内机构经常及资本项下的跨境外汇收支建立了一系列的统计监测系统，但是由于管理目标、要求、手段等不完全一致，且外汇局的系统较为分散，从人民币发展为国际货币这一国家战略出发，有必要建立完整系统的人民币跨境收付信息管理系统。

8.2.3 继续完善人民币的支付系统

人民币支付系统已经建立，境外商业银行只需接通端口便可以加入人民币系统，为防范风险，有必要进一步完善现行的支付系统。此外，从香港为基地的全球人民币现钞调运业务的发展来看，2003 年中国人民银行为香港提供的清算安排已成为人民币国际化的起点。香港无疑已成为人民币走向国际的关键。目前由中银香港向内地平盘的人民币头寸已非香港一地的人民币业务。2008 年，中国政府宣布在台湾地区开放人民币的双向兑换业务，其头寸及现钞调运都是通过香港解决的。

但是，这样的安排对人民币国际化的健康发展并不十分有利。尽管香港是我国的一部分，但由于香港与内地法律体系及运作机制的不同，人民币在香港的成功并不代表国际化后内地可以享受同样的成功。中国有自己的国情和宏观调控需求，内地的金融市场运行与香港的金融市场运行可能永远无法统一，因此人民币可兑换过程中的国际化路径不能仅靠香港一地的成功经验。

8.2.4 解决人民币国际化涉及的外汇管理问题

1. 关于国际收支统计申报。国际收支是统计一国居民与非居民在一定时期内各项经济交易的货币价值的总和，是一个流量概念和事后概念。通过分析一国的国际收支平衡表，可以看出一国的国际收支哪些项目不平衡，不平衡的原因是什么，如何采取措施纠正不平衡。我国从 1996 年开始已经建立了完整的国际收支统计申报体系，将金融机构和非金融机构的国际收支纳入了统计范围。

由于跨境交易基本上都涉及居民与非居民之间的交易，因此不论结算币种是人民币还是外币都应纳入国际收支统计申报范围。由于之前的人民币结算的范围有限，因此，对于跨境交易使用人民币的国际收支申报问题需要进一步完善，从原理上来说，人民币对于其他接受人民币的国家而言就是一种外汇，因此人民币的统计申报与外汇结算的统计申报相同。

2. 关于人民币与外汇在报关单和结算货币不一致情况下的交叉货币管理问题。我国在 1996 年 12 月已实行经常项目的完全自由兑换，对经常项目下的外汇收支不采取限制性措施，但保持对贸易真实性的审核，这并不违反国际货币基金组织第八条款的原则。现行外汇管理政策是对部分经常项目交易实行付款前的备案、所有贸易项下（保税区内的企业除外）的付汇实行事后核销，以保证贸易真实性和收付一致性的统一，防止国际投机资金通过经常项目渠道进入中国套利，影响国际收支平衡和人民币汇率稳定。

对于报关单币种与收付汇币种均以外汇计价结算的核销已建立了完整且行之有效的进出口收付汇核销制度，根据《跨境贸易人民币结算试点管理办法》，企业以人民币出口的不实行核销也可以办理出口退税，但目前不支持报关币种与结算币种分别为外汇和人民币交易类型，而实际情况下，企业确存在报关币种与结算币种不一致的现实需要。实际上，外汇管理局在 2003 年就允许合同币种以人民币计价而结算币种为外汇，跨境贸易人民币结算试点管理办法反而对此类交叉货币问题构成限制。

交叉货币的实质是海关区分币种向不同管理部门传送信息，以外汇报关的关单信息传送人民银行，以人民币报关的关单信息传送人民银行，而收汇信息均在外汇指定银行。因此，如果企业以外汇报关人民币结算则核销系统中存在关单信息，由于人民币报关的无须核销。因此，外汇管理局缺少核销信息，这就多出一部分企业已出口未核销信息；反之，如果企业以人民币报关但以外汇结算，则关单信息传送人民银行，但是外汇结算的需要核销，外汇局却缺少用于匹配资金流的物流信息。因此，多出一块部分无法核销的收汇数据。

为解决上述交叉货币导致的核销问题，需要建立人民银行、外汇管理局和外汇指定银行的协调沟通机制，因为外汇指定银行是办理本外币收付的机构，掌握资金信息，人民币报关信息传送到人民银行后，要求它们将人民币报关单收入外汇的信息反馈给外汇管理局，以便于外汇管理局办理收汇信息的物流匹配核查。

3. 参照现行外汇管理规定，做好人民币跨境债权债务、海外直接投资、外商直接投资等业务的管理和统计监测。

从原理上分析，资本项目管理包括交易环节和汇兑环节的管理，跨境交易使用人民币收付与外汇并不改变交易的性质，为维持管理的一致性，仍应按照原来的管理要求实施交易环节的审核和管理。

随着人民币国际化的深入，境内机构以人民币形式境外直接投资和境外以人民币在中国进行直接投资，人民币跨境借贷以及人民币贸易项下债权债务、人民币对外担保等都将不断出现，对于这些业务，外汇管理局已经建立了较为完整的统计监测系统和管理办法。因此，对于这些业务涉及的跨境人民币资金流动，如按照现行的外汇管理规定办理，无须重起炉灶，也便于经济主体的操作，同时，这些业务涉及的信息可录入现行的外债统计监测系统、贸易信贷登记管理系统、外商直接投资系统、境外投资管理系统。

8.2.5 不断提高中国的金融宏观调控水平及金融监管水平

热钱冲击一国金融市场和货币的一个重要条件是取得该国货币，人民币国际化意味着非居民将更便利地取得人民币，这必然带来投机风险的增加。亚洲金融危机时期，国际游资通过离岸金融市场取得泰铢而后对泰国金融市场发起立体攻击，即股市、汇市、期市联合攻击，最终导致泰国放弃固定汇率。如果非居民持有大量人民币，人民币回流也具有正式的制度安排，在人民币汇率面临升值或贬值波动时，境外人民币资金可能会采取与变动方向相同的资金安排，从而加大人民币汇率波动的幅度，这对金融管理水平提出了更高的挑战。

此外，与人民币国际化进程相伴随的是反洗钱风险、货币流通速度不确定风险以及货币政策有限性削弱等风险的加大，这必然要求中国的货币当局及金融监管机构不断提高宏观调控水平及金融监管水平，吸收已实现货币国际化国家的有益经验，有效地识别、防范和化解各类风险。

第 9 章

与人民币国际化相关的专题研究

9.1 人民币国际化与银行商业化经营

9.1.1 货币国际化与银行商业化经营的逻辑联系

货币国际化与银行体系的稳定和效率密切相关：第一，银行体系的稳定与经济增长密切相关；第二，银行的效率对币值的稳定具有重要意义。在现代社会法定货币流通的情况下，货币币值的稳定完全依赖于中央银行的货币政策以及商业银行体系的稳定。如果一个国家的银行体系效率不高、道德风险严重，导致银行体系产生大量呆账和坏账，势必引发银行危机，甚至爆发全面的金融危机。货币的币值将会大幅度贬值，根本谈不上稳定。银行体系不健全的国家的货币国际化将面临极大的阻碍。20 世纪 90 年代的日本在这方面提供了一个货币国际化的反例。20 世纪 80 年代，由于日本经济出现泡沫，股票市场指数和房地产市场价格大幅度上升，银行体系向股票市场和房地产市场投入了大量资金，随着股票市场和房地产市场泡沫的破灭，日本的银行体系在 20 世纪 90 年代产生了大量的呆账、坏账。银行体系的困境既影响了经济增长速度，又将日元开始于 20 世纪 70 年代的国际化进程打断，日元国际化进程出现了倒退。日元的国际地位与日本的经济地位、世界第一大债权国的地位很不匹配。例如，1994 年以日元计价的国际债券占全世界国际债券总量的 13%，到 1997 年下降到 4.5%；1989 年全球外汇交易总量中日元占 27%，1998 年下降到 21%；在外汇储备中，日元所占的比重从 20 世纪 90 年代中后期逐渐下滑，已经不到 5%，而且没有任何国家把日元当作盯住货币。与此相对应，尽管在德国统一后，德国马克也受到通货膨胀问题的困扰，但是，由于德国银行体系没有遭受大的危机的影响，德国马克作为国际货币的地位始终领先于日元，而且融入欧元区后，欧元作为新出现的国际货币地位迅速提高。

在货币国际化进程中，发达的金融体系和银行体系至少在三个方面对货币国际化发挥作用，提高国际货币的吸引力：首先，为国际金融市场参与者，包括贸易商、投资者和政府，提供了流动性很高的二级证券市场。国际金融市场的参与者并不是以现金形式持有临时性的头寸，而是寻求流动性高、安全性强并能提供一定回报的短期金融工具。流动性高的二级市场能够让国际金融市场参与者迅速地购买和销售自己的资产，避免遭受不必要的损失。其次，发达的金融体系能够为国际金融市场参与者提供金融方面的完善服务。例如，能够为投资者的外币资产提供金融衍生品，帮助其对冲风险。再次，一些国家的国际金融市场参与者可以在国际货币发行国的金融市场获得更高的回报。因为自己的国家的金融市场不是很完善，回报率、安全性和流动性都不令人满意。而在国际货币发行国，要么融资成本更低，要么投资的回报率更高、流动性更强。国际金融市场参与者可以将金融资产很方便、不受损失地转换为本国货币。银行的本质功能是流动性管理、风险管理和解决信息不对称问题，金融体系和银行体系对一种货币成为国际货币的上述三个方面的支持作用也正对应着银行体系的三种本质功能。

以美元为例。首先，美国拥有世界上流动性最高、交易量最大的货币市场，货币市场的主要金融产品包括美国政府短期债券、商业票据和大额订单等。这些货币市场金融工具的承销者大多是商业银行，商业银行为这些工具确定合理的价格；而在这些工具的二级市场上，商业银行又是重要交易者，是流动性的保证。所以，高效率的货币市场背后离不开银行流动性支持。其次，美国的银行体系作为经纪人和交易商在外汇、利率等金融衍生品市场上发挥着重要的作用，国际金融市场参与者可以利用这些衍生金融工具进行对冲，管理自己的风险。近 30 年来，美国商业银行的表外业务呈现出爆炸性增长，其利润已经超过传统的存贷业务利润，就是这种风险管理职能的最好说明。再次，也是最重要的，美国一方面借入短期资本，即其他国家的政府大量购买美国短期政府债券作为官方外汇储备资产，另一方面通过外国直接投资或长期贷款的形式向其他国家进行投资。美国就像一个全世界的商业银行，通过吸收短期、流动性很强的资金，投资于期限很长、流动性很差的资产中。在这个过程中，美国作为金融中介赚取了可观的利润，同时发挥着银行的创造流动性和解决信息不对称问题的功能。对于后者而言，美国的银行等金融体系具有更高的效率，而其他发展中国家金融和银行体系的效率较低。美国作为这些国家的"世界银行"，通过吸收"短期存款"和发放"长期贷款"提高了美国和其他国家的经济福利水平。

因此，尽管美元在第二次世界大战后成为具有统治地位的国际货币，但是美国的经济表现也并非尽善尽美。从 20 世纪 70 年代早期到 20 世纪 90 年代近 30 年的时间里，美国的经济增长速度只能算得上是平庸。1973～1981 年美国经历了比较严重的通货膨胀，其中 3 年的通货膨胀率甚至超过了两位数；过去的许多年里，美国都经历着巨额的财政赤字和经常项目赤字，成为世界上最大的债务国。但是这都没有从根本上动摇美元国际货币的霸主地位。究其原因，美国发达的金融体系特别是银行体系发挥了决定性的作用。

9.1.2　人民币的国际化与银行商业化经营

历史是一面镜子。国际货币的历史演进过程清晰地说明了银行体系在货币国际化进程中的作用。由于货币国际化会产生巨大的收益，所以应该努力创造条件促进一个国家的货币成为国际货币。同时，也要通过政策和制度设计尽量限制和减少人民币国际化的成本。

首先，建立高效、稳健的商业银行体系，对于人民币成为国际货币是至关重要的。为了促进人民币国际化进程，必须全力提高我国商业银行体系的效率。如果银行效率低下，银行体系中呆账、坏账大量产生，风险大量累积，势必威胁到银行的稳健经营，甚至引发银行危机，这是人民币国际化最主要的威胁。

为了提高银行的经营效率，首先，要减少政府对银行的过度干预。最有效的办法是银行产权的多元化，政府放弃对银行的控制权，按照现代公司制度规范银行的公司治理，让银行成为真正独立的、按照商业化原则发放贷款的金融机构。其次，必须将原来国有商业银行承担的政策性贷款与商业性贷款彻底分开，否则政策性贷款的损失会导致商业银行经理人员的机会主义行为。还要通过制度和银行内部管理的改革来防止政府对银行的行政干预。国有银行的主要贷款对象——国有企业具有较高的效率并面临预算硬约束，这也要求国有企业必须按照现代企业制度进行改革。

银行的产权改革和市场化改革的成功需要良好的制度和充分竞争的市场结构。因此，要完善会计制度和信息披露制度，向外部投资者和监管者提供准确、透明的信息；进一步完善保证合约执行的法律体系，并建立有利于竞争的市场结构。非常重要的是，要建立高效的银行监管体系以保护存款人、促进公平竞争并防止银行承担过度风险引发银行危机。高效率的银行监管体系对于维护银行体系的稳定、避免银行危机的发生是十分必要的。

要完善银行治理和内部管理机制，特别是风险管理机制和激励机制，实现"权责明确，管理科学"。这是银行商业化改革的重要方面。银行在完善内部风险管理机制的同时，在金融产品风险管理技术方面要勇于创新，利用金融衍生产品为自己和客户管理风险、创造价值。

我国应积极推进银行业的对外开放步伐。要鼓励外国金融机构进入我国开展业务和竞争。中国银监会发布的《中国银行业对外报告》指出，外资银行在中国的机构数量和经营范围不断扩大，日益融入中国银行业的各个层面，提升了中国金融市场的功能，活跃了同业竞争。这些外国金融机构能够为更多的外国金融市场参与者提供高质量的人民币业务服务，提高人民币的国际货币地位。

在"引进来"的同时，我国应积极推动国内商业银行，尤其是股份制商业银行实施国际化发展战略，鼓励其在国外开设分支机构，为各国政府、企业和居民所持有的人民币提供一个存放、流通的渠道，为本国企业走出国门去国外投资提供服务，这同时也有利于国内商业银行增强竞争力。可喜的是，一些中资银行已经制定新的国际化战略，积极"走出去"，提升国际竞争力。

9.2 人民币国际化与汇率制度选择

9.2.1 人民币升值压力是多种因素叠加的结果

1. 短期资本流入和升值预期。中国加入 WTO 以来，中国的外汇储备额一次次被刷新。2009 年外汇储备增速进一步加快，截至 2009 年 9 月底，中国外汇储备增至 2.27 万亿美元，其中第三季度外汇储备环比增加超过了 1400 亿美元，而同期外贸顺差不足 410 亿美元。外汇储备的明显增加与长期资本和贸易的流入相关性减弱，主要是短期资本持续流入的结果。这些国际"热钱"的流入对人民币升值起到了推波助澜的作用，其主要原因是在全球金融危机爆发后，中国经济从 2009 年第二季度开始率先强劲反弹，而世界其他主要经济体宏观经济指标的改善速度则表现得相对迟钝，形成了巨大反差。市场对于中国经济运行将处在相对高增长和低通胀的展望大幅度增长，从而导致套利资本大规模流入，人民币升值压力不可避免。人民币资本项目下的逐渐开放，有可能在中短期内促使人民币进一步升值。

不稳定的币值无疑会对中国的实体经济和金融市场造成一定冲击。当然，持续的短期资本流入也并非是一件坏事，如果对短期资本利用得当，则源源不断的资本流入会使中国资本市场流动性更加宽裕，在一定程度上助推投资、消费热点。只要监管到位，"热钱"的流入反而将会对中国资本市场的发展起到强大的推动作用。

2. 美元汇率长期走低。美国政府推行的低利率、量化宽松政策，使得美元持续疲软，这是人民币长期面临升值压力的直接原因。自中国 2005 年 7 月推动汇率改革以来，人民币汇率对美元升值已接近 30%。美元贬值直接导致人民币升值压力增大。这虽然从一个侧面表明人民币的国际信誉在不断提升，有利于推动人民币国际化进程，但是一旦美元币值重归升值通道，则人民币很可能出现较大的双向波动，汇率风险不可预测。

3. 人民币国际化需求。中国已成为世界第二大经济体，经济层面的国际地位上升会使人民币的国际信誉大幅度改善，加之目前中国政府财政状况良好、负债率低和庞大的外汇储备，人民币基于如此雄厚的基础，具备巨大的升值空间。人民币国际化是中国金融战略在中短期内的最优选择。人民币国际化不仅是中国经济开放的现实需要，也是国际货币体系改革的根本需要。中国要在国际货币体系改革中发挥更多的作用，不受西方发达国家不公正的牵制，则适时适度地加快人民币国际化进程是必要条件，进而最终择机实现人民币资本项下完全的可自由兑换。同时，在国际货币体系改革的过程中，以中国为代表的新兴经济体国家不仅需要增加发言权，而且需要最终打破现有国际货币体系，减轻各国外汇储备资产对美元的依赖性，调整储备资产结构。中国推出跨境贸易人民币计价结算，无疑增加了国外对人民币的需求，并在一定程度上加强了人民币升值预期。

9.2.2 人民币持续升值对人民币国际化的危害

随着中国外汇储备的增长和中美贸易顺差的扩大，人民币始终没有摆脱来自外部的升值压力。美国频频在人民币汇率问题上向中国施压，在中美贸易争端和贸易谈判中，人民币汇率一直是双方争论的热点问题。特别是进入 2011 年，美国大选拉开序幕，共和党和民主党不约而同地再次就人民币汇率问题大做文章，开始了新一轮对人民币升值施加压力的攻势。

人民币升值对于人民币国际化而言是一把"双刃剑"。一方面，人民币不断升值扩大了国际社会使用人民币作为交易货币的结算需求和储备需求，使得人民币越来越成为一定范围内的"抢手货币"，甚至被部分国家和地区视为中央银行的储备货币和主要贸易结算货币。另一方面，人民币能否最终成为国际性储备货币和双边贸易的计价结算货币，关键依赖于其稳定的币值和合理的波动性水平，从而使得使用人民币的各国用于国际收支结算和防范金融风险的能力进一步提高。如果人民币在长期升值预期推动下达到合理价位或心理极限，造成人民币升值预期突然结束，必然出现严重的人民币汇率波动，可能的结果是他国持有的人民币储备价值得不到保证，而且在国际收支结算中的损失亦难以估量，那么他国金融安全就会相应降低。各国基于上述经济利益考量之后，人民币升值诱发的需求则不再具备优势，一旦这些国家集中抛售人民币，肯定会带给中国制造难以估量的风险。

在单边人民币升值预期的背景下，境外居民与企业愿意持有人民币资产而非负债，人民币国际化不仅不会导致外汇储备积累速度的下降，反而在短期内可能导致外汇储备积累速度的上升，加重中国过多持有外汇储备的问题，难以摆脱美元陷阱。

9.2.3　人民币国际化进程中汇率制度的改革

1. 人民币币值应在均衡水平保持长期稳定。中国繁荣的实体经济和高额的外汇储备，决定了持有人民币的安全性，人民币如果作为储备货币，不仅风险相对小于美元，而且还有一定的预期升值空间，所以从安全性考虑和保值出发，许多国家和地区支持人民币成为国际储备货币的愿意越来越强烈。此外，随着中国对外经贸地位的不断提高和区域合作的加强，中国在一些国家和地区主动推进人民币作为贸易结算和投资货币，将进一步扩大人民币在这些国家和地区的广泛流通。而且，中国不断开拓海外投资市场，亦为人民币的境外流通打下了良好基础，从而为人民币国际化创造了有利的条件。

从长期来看，人民币币值在均衡水平的长期稳定，人民币升值预期的消失才是最为理想的状况，这有利于贸易便利和投资便利的实现，也有利于人民币信誉和需求水平的实质性提高。事实上，由于完全弹性下的均衡汇率水平才是外汇市场上货币供求的内在反映。因此，从价格发现的角度讲，具有真实货币价值的人民币才能满足非居民的交易和投资需求。也正是基于此，人民币汇率形成机制改革的成功与否将直接关系到人民币国际化的成败。

减少行政干预等市场扰动因素，增加汇率弹性是实现人民币汇率长期稳定的关键。在 2005 年汇率改革以来，我国汇率弹性逐渐增大，伴随着 2010 年 6 月新一轮的汇率形成机制改革，人民币的汇率弹性进一步增加。从人民币在岸远期汇率和离岸远期汇率的关系上，我们不难看出，在人民币汇率形成机制中，行政干预等非市场扰动因素正在逐渐消除。进入 2009 年特别是在 2010 年 5 月之后，人民币在岸远期汇率和离岸远期汇率的变化趋势逐渐趋于一致，呈现出协同变动的趋势。由于离岸市场的市场化程度相对较高，因此，离岸汇率和在岸汇率的趋同在有效减少货币投机冲击的同时，也在一定程度上反映了在岸市场非市场扰动因素的逐渐弱化。市场扭曲因素的减少在促进人民币汇率向均衡水平进行调整的同时，也为人民币国际化奠定了市场基础。香港人民币美元即期汇率定盘价的推出，成为人民币汇率形成机制进一步完善的重要标志。

从总体上看，人民币面临升值压力将是未来一段时间内的发展趋势，但这并不一定是坏事。市场化的人民币币值随供求波动最终会趋于均衡价位，而这个均衡价位很有可能高于现阶段的人民币币值。人民币币值向该市场均衡价格靠拢或收敛，可缓冲资本流动的冲击、促进跨境贸易和投资，缓解通胀预期。人民币最终成为强势货币，必然导致市场对人民币国际化的愿望强烈上升，使得人民币成为国际储备货币的可能性增大。一旦人民币国际化达到了一定程度，或成为国际储备货币，国际货币格局将发生重大变化。长期内实现币值稳定，达到均衡水平是人民币国际化的一个重要阶段性目标。

2. 人民币汇率制度弹性化改革的路径。人民币国际化的推进要求资本项目的逐步放开，再考虑到中国货币政策独立性的必要性，则必然要求人民币汇率制度由固定走向浮动。另外，人民币汇率制度设计进而人民币汇率水平的稳定性，也将对人民币国际化产生影响。两者的互动关系，在其他货币国际化进程中都有所体现。由于中短期内中国的具体条件和约束，人民币国际化和人民币汇率制度的选择具有一定的特殊性。首先，在一定的时期中，由于资本项目放开的条件不成熟，人民币国际化将在资本管制的背景下进行。其次，人民币汇率将继续面临升值压力，这也是人民币国际化的一个重要背景。再次，人民币在岸市场和离岸市场的可协调性较强，这是人民币国际化所具有的特殊条件。

这些特性决定了人民币汇率制度改革与资本项目自由可兑换同步推进的过程中，人民币国际化有可能相对于二者有一定程度的超前性。在人民币国际化的背景下，人民币汇率制度的选择依然应该遵循"主动性、可控性、渐进性"原则。

2005 年 7 月 21 日至 2010 年 6 月，中国实行了以市场供求为基础的、参考一篮子货币进行调节的、有管理的浮动汇率制度；而从 2010 年 6 月 19 日开始，中国人民银行在 2005 年汇改的基础上进一步推进人民币汇率形成机制改革，增强人民币汇率弹性。从渐进性角度来看，人民币汇率形成机制改革应该是在渐进实现资本项目自由可兑换的同时，实现有管理的浮动汇率制，即资本渐进可兑换和汇率渐进有弹性相互促进，最终实现资本项目完全可兑换基本稳定与适度弹性相结合的有管理的浮动汇率制度。考虑到人民币国际化首先可能借助香港人民币离岸金融市场发展起来，在此背景下，人民币汇率形成机制改革的渐进性方案中也应对离岸金融市场、在岸金融市场的作用有所考虑。

9.3　人民币国际化与国家科技水平

一国的经济进步，最终应体现为以劳动生产率为核心的经济效能的提升，这一过程特别需要科学技术的支撑。目前，中国企业的自主创新能力薄弱，严重制约了科学技术进步和产业结构升级。2002～2006 年我国有研发活动的企业数占全部企业的比重分别为 30.7%、29.9%、23.7%、24.1% 和 24.0%，2/3 的大中型企业没有研发机构，3/4 的企业没有研发活动，规模以上工业企业仅有 10% 开展研发活动。从自主创新的投入程度看，2002～2006 年中国企业研发经费支出占主营业务收入的比重分别为 0.83%、0.75%、0.71%、0.76% 和 0.76%。而国际经验显示，企业研发投入应不低于销售收入的 3%，投入甚至应占到 10%（高帆，2008）。发达国家在关键技术上的对外依存度通常低于 30%，美国和日本则在 5% 左右。由于长期不重视研发工作，中国经济在关键技术上自给率较低，对外技术依存度在 50% 以上。特别是在航空设备、精密仪器、医疗设备、工程机械等具有战略意义的高技术含量产品方面，关键技术的对外依存度超过 80%。中国企业联合会于 2005 年组织的"中国企业 500 强科技自主创新问卷调查分析报告"显示，中国企业 500 强的大部分企业自主创新体系比较健全，98.53% 的企业建有专门的技术中心，但在技术创新方面，50.74% 的企业科技自主创新以"引进、消化、吸收、再创新"为主，只有 10.45% 的企业进行过原始创新。2007 年国家统计局组织的调查结果表明，在 2004～2006 年期间，中国开展创新活动的工业企业只占全部规模以上工业企业的 28.8%。受制于薄弱的创新能力和技术基础，中国经济实现工业化与现代化还需时日。

从国际需求角度看，除了保值增值外，持有人民币最主要的目的还在于获得购买中国产品的便利性，享受中国价廉物美的产品。然而，由于技术创新乏力，中国缺乏足够的高端和高附加值产品，产品结构单一，主要是以劳动密集型且价格低廉的产品吸引外国消费者。国际经验表明，收入增长必然伴随着消费升级，如果中国不能通过大规模的技术创新改变单一、低附加值的出口产品结构，增加产品的多样性和丰富性，随着我国劳动力成本和物价水平的上升，中国产品国际市场的竞争力和吸引力都会大幅下降，极有可能被其他发展中国家所替代。一旦中国丧失贸易规模优势和国际市场竞争力，各国持有人民币资产的意愿就会下降，最终严重地阻碍人民币国际化的步伐。

综上所述，中国经济面临很大的不确定性，在技术进步、产业转型、增长动力失衡等诸多方面，中国均面临严重挑战，未来经济增长的可持续性还有待于观察。实体经济发展进程中的诸多挑战，极大地影响了中国在国际市场上的地位、定价权、竞争力以及人民币资产价值的稳定性，是人民币国际化面临的根本性和基础性的挑战。

9.4 人民币国际化与资本账户开放

优化资本账户各子项目的开放次序，是资本账户开放成功的基本条件。从以往的国际经验看，资本账户开放的一般原则是，"先流入后流出、先长期后短期、先直接后间接、先机构后个人"。具体到我国，应该根据国情把握资本账户开放的进度。

1. 基本原则。最近20年来，国际金融危机频发，资本账户开放无疑是一大推手，无管理的资本流动加剧了金融危机的跨境传染性。我国未来10年将要实现经济增长模式的转型，各种深层次的矛盾可能因此激化，急需防止外部冲击的不利影响。基于这一目的，资本账户开放的具体步骤应该是：先推行预期收益最大的改革，后推行最具风险的改革；先推进增量改革，后推进存量改革。必须坚持一项基本原则，即成熟一项开放一项，不能为了开放而开放，不搞运动式批量开放。

2. 短期安排（1~3年）。放松有真实交易背景的直接投资管制，鼓励企业"走出去"。直接投资本身较为稳定，受经济波动的影响较小。实证表明，放松直接投资管制的风险最小。当前中国的海外直接投资已进入战略机遇期，具体表现在四个方面：一是过剩的产能对海外直接投资产生了巨大的要求；二是雄厚的外汇储备为海外直接投资提供了充足的外汇资金；三是人民币升值为海外直接投资提供了成本的优势；四是西方金融机构和企业的收缩为中国投资腾出了空间。

3. 中期安排（3～5年）。放松有真实贸易背景的商业信贷管制，助推人民币国际化。有真实贸易背景的商业信贷与经常账户密切相关，稳定性较强，风险相对较小。随着中国企业在国际贸易、投资、生产和金融活动中逐步取得主导权，商业信贷管制也应逐步放开。目前，中国进出口贸易占全球贸易量约10%，贷款占全球的1/4以上。放宽商业信贷管制，有助于进出口贸易发展，也能为人民币跨境结算和香港离岸市场建设拓宽人民币回流渠道。同时，适度放松商业信贷管制，允许居民对外借款，有利于促进国内银行业竞争，改善企业，特别是中小企业融资状况。

4. 长期安排（5～10年）。加强金融市场建设，先开放流入后开放流出，依次审慎开放不动产、股票及债券交易，逐步以价格型管理替代数量型管制。不动产、股票及债券交易与真实经济需求有一定联系，但往往难以区分投资性需求和投机性需求。一般开放原则是，按照市场完善程度"先高后低"开放各类金融市场，以降低开放风险。当前，房地产市场价格易涨难跌，向合理价格水平回归尚需时日。境内股市"重融资轻投资"，价格发现机制还有待完善。债券类市场发育受到利率非市场化的不利影响，市场规模不大，且企业债券没有形成统一规范的市场（银行间的债券市场与交易所的债券市场相互分割），政府债券市场还有待发展。总体看，市场完善程度从高到低依次为房地产市场、股票市场和债券市场。

在开放的过程中，一是要加强金融市场建设，增强市场活力，夯实不动产、股票及债券市场开放的基础。二是要按照"先一级市场后二级市场"、"先非居民的国内交易后居民的国外交易"的开放原则，降低开放风险。三是谨慎推进，相机决策，遇险即收，逐步以价格型管理替代数量型管制。

至此，以不影响国家间合理资本交易需求原则来衡量，中国已经基本实现资本账户开放。剩下的项目按照风险程度依次为：个人资本交易、与资本交易无关的金融机构信贷、货币市场工具、集合投资类证券、担保保证等融资便利、衍生工具等资本账户子项，可以择机开放。与资本交易无关的外汇兑换交易自由化应放在最后。投机性很强的短期外债项目可以长期不开放。

9.5　人民币国际化与香港离岸市场

1. 香港离岸人民币市场产生的背景。2008 年 11 月，时值金融危机最为严重的时刻，在当时举行的 G20 峰会上，国家主席胡锦涛呼吁国际社会各方建立一个"公平、公正、包容和有序"的国际金融新秩序。随后不久，中国便开始试点采用人民币进行跨境贸易计价结算，同时筹划同其他央行间的货币互换协议，并在香港允许人民币存款和发行人民币债券。2011 年，人民币国际化取得突破性进展。作为支付和结算货币，人民币已被蒙古、巴基斯坦、泰国和越南所接受。根据国际货币基金组织的改革计划，2015 年人民币很可能与其他主要货币一同被纳入国际货币基金组织（IMF）的准货币"特别提款权"（SDRs）篮子。而中国政府也郑重宣告，上海将在 2020 年之前，建设成为全球性的国际金融中心。

不可否认，美元的脆弱性为人民币国际化提供了机遇。各国中央银行一般都会持有一定的外汇储备来保证其对进口商品、债务偿还的支付能力，而美元是最重要的储备货币。目前，美国通过贸易逆差来输出美元，世界上越来越多的进口货物来源于中国而非美国，使得美元源源不断地单向流往中国，中国积累了巨额的美元外汇储备。为了保值，中国不得不使用美元对外发放贷款。通常，占优势地位的债权人总是倾向于使用本国货币来贷出资金，因此，中国使用人民币对外贷款以替代美元不足为奇。尤其值得担忧的是，美元正在贬值，有失于其作为储备货币应有的价值。根据对美国主要的货币贸易伙伴的调查判断，自 1973 年浮动汇率制度实施以来，美元已经丧失了 1/4 的价值。在过去的 40 年里，以一篮子消费品为参照，美元几乎丧失了 4/5 的购买力。这样的衰落令新兴经济体国家的中央银行对持有的美元储备忧心忡忡，有使用其他替代储备货币的动机。

尽管美元处于弱势，人民币国际化获得了契机，但是理性地看待人民币的国际化问题是至关重要的。中短期内，试图让人民币迅速取代美元的策略并不明智。人民币的国际化进程应当放稳脚步，循序渐进，切不可急于求成。需要认清：人民币在今后相当长的时期之内并不能取代美元成为核心储备货币。相反，人民币中长期的目标应当使其成为与欧元、英镑、瑞士法郎、日元相似的次一级的国际储备货币，或者成为地区性的储备货币。

人民币国际化是一个长期战略，现阶段的人民币国际化步骤，是政策制定者不断推进金融改革的范围和速度的演变过程，反映出中国政府为人民币国际化所做的努力和对推进经济模式转变的决心。在这些步骤中，最重要的一个就是循序渐进地建立一个成熟的人民币离岸中心。

香港是当前人民币唯一的离岸金融中心，其特点是内外一体。香港对离岸业务在法律上没有特殊的监管文件，居民与非居民地位平等，公平参与，皆可参与本地和海外的各种金融活动，对离岸和在岸业务不作严格划分。所有香港境内的金融机构吸收的各种存款、贷款以及提供的各种金融服务都接受相同的严格监管标准。

2. 走出"美元陷阱"的尝试。从历史经验来看，推动自身货币国际化通常不是上升期经济体的最优选择。然而，全球金融危机迫使中国不得不面对美元霸权所带来的风险。过去 30 年里，中国经济增长高度依赖出口，为了稳定汇率，中国人民银行不断地购买大量的美元资产，积累了大约 3 万亿美元的外汇储备。中国持有巨额美元储备，在大大巩固了美元的国际储备货币地位的同时，却令自己深陷"美元陷阱"。如果中国抛售贬值的美元，一方面会导致人民币急剧升值，打击自身的出口，另一方面，巨额外汇储备的资产价值也会缩水得更厉害。如果中国继续目前的经济增长模式，只能继续增持美元储备，咽下美元贬值带来的苦果。明知持有美元有损失，却欲罢不能，这就是中国面临的"美元陷阱"。

　　这次金融危机明明白白地揭示出一个道理，中国这种经济增长模式难以为继，"美元陷阱"的成本很可能大于收益。

　　第一，经济衰退的风险。过分强调出口的经济增长模式依赖于国外市场，根据本国宏观经济状况自主调控的人民币汇率在一定程度上虽然有利于出口，但金融危机导致的欧美国家需求锐减，却使得这个推动中国经济发展的主要引擎难以强劲运行。在 2009 年的第一季度，因为欧美国家需求不足，中国经济在保持了近 10 个季度 10% 或以上的年增长率之后，回落至 6.2%。

　　第二，潜在的投资损失。中国的外汇储备以美元为主，截至雷曼兄弟破产时，中国总共持有了价值 1.5 万亿美元的美国金融资产，当中包括持有大约 7% 的美国"机构债券"，其中就有财务杠杆过高的房利美（Fannie Mae）和房地美（Freddie Mac）。"两房"的失败以及被美国政府接管，使得中国的投资蒙受了重大损失的风险。此外，自 2008 年金融危机以来，美联储推行弱势美元政策来促进出口、改善贸易逆差，美元对人民币贬值达到 20%，中国持有的美元资产不得不承受严重的汇率风险。

　　其实，中国的经济增长模式并非让中国落入"美元陷阱"的唯一原因，现行的、不合理的国际货币体系也是一个重要的原因。2009 年 3 月，中国人民银行行长周小川在央行网站上发表《关于改革国际货币体系的思考》的署名文章，指出必须创造一种与主权国家脱钩、并能保持币值长期稳定的国际储备货币，发挥特别提款权（SDRs）的计价和清算作用，以代替美元，从而避免美国滥发美元对国际金融稳定性的损害。这一观点得到国际社会特别是新兴市场国家的热烈响应。按照当初特别提款权设定时的标准，人民币完全有资格被纳入特别提款权。

　　美元作为主要国际储备货币，美国借此拥有"货币特权"，一直以低成本借入资金，并且丝毫不用考虑货币数量的限制。早在 20 世纪 60 年代，拥有大量外汇储备的西欧国家深受"美元灾"的祸害，法国总统戴高乐就曾对此进行过尖锐的批评。今天，中国面临类似的困境，同样也指责美国滥用其货币特权，通过货币贬值和金融体系的动荡将危机的成本转嫁给其他的国家。美联储的量化宽松政策以及美国国会提高美国国家债务上限的决议都加剧了这种的担忧，并使中国遭受损失。

全球金融危机促使中国政府意识到了降低对美元依赖的迫切性，并开始推动跨境贸易人民币计价结算。人民币国际化虽在短期内可能对出口不利，却有利于通过市场淘汰那些低生产率和低附加值的产业，从长期来看有利于提升出口部门的国际竞争力。同时，推动人民币成为主要国际货币，也有利于调整中国的外汇储备结构，帮助中国早日走出"美元陷阱"。

实际上，对于如何摆脱"美元陷阱"，中国政府在采取行动之前需要兼顾两个方面，一是既要保持出口的高速增长，又必须要减少美元的积累；二是既希望企业可以得到廉价的贷款，又希望刺激国内消费。而人民币国际化恰好可以在这两个方面达成一致，作为两方调解的方案，并成为政府的目标。

3. 人民币离岸金融市场的风险。经济学家伊藤隆敏（Takatoshi Ito）认为，开放压制的金融体系最好是从国内金融改革着手，货币国际化应该是金融改革的最后一步，而非起点。他强调，只有当本国的银行资本充足，监管规范，银行市场有足够的深度和广度可以吸收外资而不会受到剧烈的价格冲击的影响时，才可以允许大量的外资自由地进出本国市场。一国政府必须允许有不同投资期限、投资目标和投资观念的投资者进入市场，通过多样化的方式减少"羊群效应"的破坏性。只有当一国的金融体系达到这样的程度时，对外开放市场，允许外资流动、汇率浮动和国家货币的离岸流通才是安全的。

国际上的货币国际化一般始于对国内金融系统的改革，而中国政府推动人民币国际化的策略却与此不同。在尚未完全开放国内金融市场和人民币汇率的情况下，人民币的国际化进程就开始了。自 2008 年以来，中国央行已与韩国、马来西亚、印度尼西亚、白俄罗斯、阿根廷等 14 个国家和地区的央行及货币当局签署了货币互换协议。2011 年 9 月份，尼日利亚中央银行表示，将把约 5% ~ 10% 的外汇储备转换成人民币。此外，最具影响力的改革应该是 2009 年 4 月份，中国允许东莞、广州、上海、深圳和珠海这 5 个试点城市用人民币在香港市场进行结算。2010 年 6 月份，试点范围拓展到 20 个省、市、自治区，并于 2011 年拓展到了全国。有人认为，这是人民币国际化的一个巨大成功。但德意志银行分析师——彼得·加伯（Peter Garber）教授指出，这样的增长并不平衡，存在潜在的风险，会引发意想不到的严重后果。

（1）诱发离岸市场套利，干扰央行的货币政策效力。预期人民币升值的外国资金，势必会竭力购买香港市场上的人民币。其结果导致香港市场上的离岸人民币（CNH）的实际汇率高于内地在岸人民币（CNY）的官方汇率。汇率溢价的存在，会刺激中国的进口商使用香港离岸人民币购买美元进行贸易结算，而不再从中国人民银行兑换美元进行交易，同时，进口商们将会不断把人民币从大陆转移到香港，用香港市场上的人民币进行对外贸易。同时，外国机构和民众也将持有香港的人民币，或将其卖给对人民币有升值预期的投资者。久而久之，香港市场的人民币越来越多。一些市场分析师预测，香港市场的人民币存款在 2012 年年底将会达到年初的 4 倍之多，估计高达 3400 亿美元，巨大的离岸市场人民币存款可能对内地的货币市场供求产生影响，助长投机，形成一些难以预料的经济泡沫。

（2）增加外汇储备扩大的压力。推动跨境贸易人民币支付结算，同时适用于中国的进口商和出口商。与进口商相反，出口商更倾向于用美元进行交易，然后将海外市场获得的美元以官方汇率卖给中国人民银行。而对于进口商而言，在香港离岸人民币市场开放之前，他们从中国人民银行购买外汇，从而减少央行的外汇储备。然而现在，进口商们可以直接从香港市场上的外国投资者那里取得外汇，国内购汇金额下降，导致人民银行资产账面上有更多外汇不能被消化。换言之，允许中国进口商在香港离岸市场用人民币购买美元进行结算，减少了其向商业银行购汇的动机。因此，目前推动人民币国际化的措施部分地有违初衷，不仅没有减少美元储备，反而会使中国的美元储备越来越多，有点事与愿违。

（3）人民币国际化还存在潜在的风险和巨大成本。假设有一天，中国停止或减少对人民币汇率的干预，放任外汇市场供求关系来决定汇率水平，人民币对美元肯定会升值。一旦出现这样的情况，中国人民银行持有的美元越多，将来蒙受的相关损失也就越大。再者，中国人民银行购买美元时支付了人民币对价。为了避免通货膨胀，由此导致的货币扩张效果必须通过发行央票、或者提高银行准备金率等措施加以冲销。然而，香港离岸人民币市场积累了大量的人民币资金，而且有一定的回流机制和渠道，例如，企业在香港发行人民币债券，所获得的离岸人民币回流至内地，必然会影响到央行上述冲销操作的效果，给央行的流动性管理带来新的、巨大的挑战。

对于上述的潜在风险和成本，当香港人民币离岸市场规模较小的时候，中国人民银行还能轻松地承担。而随着人民币国际化的不断推进，这样的成本会迅速地增大，由此带来的风险和后果在缺乏国内金融体系改革的背景下，将越发难以调控。

4. 香港市场与内地市场携手推进人民币国际化。尽管渐进推动人民币国际化可能导致离岸市场汇率和国内官方汇率互相背离，带来异常的投机和风险。但人民币国际化的进程将不会因此而停滞，中国政府已经明确地向市场表明了推行人民币国际化的勇气和决心。高度自由化的香港离岸人民币市场与尚未完全开放的内地金融市场将携手共同发展。这虽然在一定程度上增加了政策协调的难度，但二者之间分工合作，即分离又有渠道相互沟通。事实上，渐进式地推动人民币国际化大有裨益，这样的人民币国际化制度安排是非常有效的。

（1）香港离岸人民币市场是必要的试验田，对人民币国际化的顺利推动具有重大的意义。第一，提供了一个缓冲地带，一旦人民币国际化的副作用超出容忍的底线，中国选择退出不会对国内经济、金融造成太大的震荡。第二，建设香港离岸人民币市场，人民币国际化进程所需要的机构可以在这个市场得以发展。第三，随着越来越多的机构在香港市场发行人民币债券，市场驱动利率变化，中国的交易商可以在这个自由市场上学会如何进行套利，同时中国的企业可以进一步了解债券资产管理。第四，在推进内地的人民币国际化策略之前，可以在香港离岸市场的"实验"中了解这一进程中可能出现的问题，掌握价值规律和价格信号。如果香港市场的人民币对美元突然升值，这可以告诫当局需要对投机炒作带来的升值压力保持警惕。如果短期利率相较于长期利率上升的话，这也许意味着投资者对经济前景感到悲观。虽然目前香港和内地金融市场在自由化程度方面差别较大，但随着资本管制的逐步放松，两个资本市场具有进一步融合的趋势。

（2）应对离岸人民币回流带来的巨大挑战。随着人民币国际化进程的深入，香港离岸市场的国外机构将不断增持并累积人民币，导致人民币面临更大的升值压力。中国政府需要花费巨大的成本购入美元资产，以维持人民币汇率稳定。而这会让国外的投机者更加坚信，中国人民银行必然通过加速人民币升值来遏制人民币需求，并形成人民币升值预期，其结果将导致对 CNH 购买量的进一步增加，从而陷入恶性循环。同时人民币资本从香港市场回流至内地，也会加剧内地的通货膨胀。经济学家迈克考对 20 世纪 70 年代美国的研究表明，面对美元离岸市场的不断发展，美国试图维护美元与黄金的官价，坚持资本管控，就曾遭受过这样的命运，最终是美元不断贬值，美元回流带来高通货膨胀，与石油危机的冲击一起，使得整个经济陷入滞胀。然而，如果人民币国际化能够顺利地按照贸易结算货币→投资载体货币→国际储备货币的进程发展，上述的挑战都可以迎刃而解。通过拓宽人民币的海外用途，增加人民币标的资产的种类和供给，在海外保持一个相当规模的离岸人民币"池子"，可以有效地解决上述的矛盾，调和自由的离岸金融市场和管制的在岸金融市场之间的紧张关系。

第 **10** 章

东亚货币合作与中国的战略选择

　　东亚金融危机的爆发使得人们在对危机教训经过反思之后得出几点基本共识，包括：第一，本地区的金融危机具有较强的传染性；第二，国际货币基金组织（IMF）作为最后贷款人的作用十分有限，在货币危机发生后无法提供及时和充足的国际流动性支持，东亚国家不能完全依赖 IMF；第三，迫切需要建立一个本地区更加紧密的互助救援应急机制，以便及时避免短期国际收支失衡引发的金融危机；第四，东亚国家的金融体系普遍存在脆弱性，尤其反映在对银行体系的过分依赖以及不发达的债券市场。在上述认识的推动下，各国政府做出了不懈的努力，提出各种地区合作倡议和构筑亚洲金融合作框架的设想。目前已经在一些领域有了实质性的进展。其中最重要的合作，一是清迈倡议（CMI）和货币互换机制的运行；二是各层次的政策对话机制的建立；三是亚洲债券基金（ABF）的设立。

　　2008 年以来全球金融危机的蔓延，使得人民币国际化问题再度升温。危机演变中和危机过后，人民币国际化和东亚货币合作步伐加快。2008 年 10 月 13 日，中国与俄罗斯两国就进一步加强金融合作、扩大本币结算等多项合作事宜达成共识。2009 年 5 月 3 日，东亚 13 国达成共同设立 1200 亿美元储备基金的一致意见，亚洲货币基金雏形初现，不仅有利于维持亚洲金融稳定，提高新兴市场经济体在国际金融组织中的话语权，还将向实现亚洲区域货币合作的目标迈进。

10.1　东亚货币合作的发展历程与现状

10.1.1　东亚货币合作的背景

1. 东亚金融危机的教训。1997 年 7 月，以泰国货币危机为端倪，继而演变为东亚金融危机。这次危机给世界经济发展蒙上了一层阴影，尤其对东亚几十年经济发展创造的"奇迹"给以致命打击。这些国家汇市暴跌，股市狂泻，利率上扬，外汇供不应求，通货膨胀大幅上升，金融市场一片混乱，金融体系几乎崩溃，大量国际投资纷纷外撤，导致一些国家社会秩序混乱，甚至出现政治危机。这次金融危机的一个突出特点就是其传染效应。传染效应是指一个国家经济陷入危机后，随即迅速向其他国家和地区传播，导致与之相邻的国家以致全球也随之陷入危机。金融危机的扩散主要通过收入效应、替代效应、信心危机和通货预期等机制迅速传递。收入效应是指危机的发生将导致危机发生国收入的下降，进而导致国内需求包括对邻国的出口需求的减少。替代效应是指危机国出口竞争力因货币贬值而得到加强，邻国出口被危机国出口所代替。在危机发生时，由于危机国与邻国之间的经济体制、经济结构和经济政策的相似性，当一个国家发生金融危机之后，国际投资者往往会怀疑其邻国的经济稳定，对其丧失信心，进而停止对其投资或是撤出资金。由于外部经济环境的恶化，特别是危机过后货币大幅度贬值，其邻国不得不使本国货币贬值。因而一旦一个国家货币贬值，国际投资者就会预期其邻国的货币也会贬值。这种贬值预期往往使国际资本急剧流出危机国的邻国，从而使这些邻国也陷入国际收支危机、货币危机和金融危机。

金融危机的传染性使得金融危机日益成为一种区域性的现象，单就一个国家而言，往往很难独善其身，其防范和解决日益成为一个超越国界的区域性问题。到亚洲金融危机发生之时，在亚洲和东亚地区处理金融危机的区域性安排基本不存在。在东亚金融危机过程中，东亚地区的很多国家可谓是"邻人各扫门前雪，哪管他人瓦上霜"，为了摆脱金融危机，他们竞相采取了本币贬值的方法。可是这种竞争性贬值不但没有减轻金融危机给本国带来的危害，反而加速了金融危机的传播，并加重了金融危机对东亚地区的破坏性。所以金融危机给了东亚各国一个教训，在各国紧密相连、经济高度依赖、但却没有建立任何有效的金融合作关系的东亚地区，是经不起任何大规模的外部冲击的。

　　传统上当一国发生金融危机的时候，往往只能求助于国际货币基金组织（IMF）。IMF 的任务是监督和推动国际金融合作与世界贸易增长。为了保证国际金融体系的平稳运行，IMF 有义务为国际收支暂时失衡的国家提供信贷便利，为遭受危机的国家提供流动性，使其金融体系尽快恢复稳定。但是，在这次金融危机的发展过程中，IMF 的表现使东亚各国人失所望。首先，由于对金融危机的严重程度和可能的后果估计错误，尽管 IMF 动用了近亿美元的资金救助危机，但 IMF 的救援来得太晚而且救援力度太小。贷款条件苛刻，不符合实际情况且行动缓慢，救援工作并没有达到预期效果。其次，由于 IMF 的条件主要是为了维护贷款人（西方发达国家）的利益，同时由于 IMF 的条件具有浓重的意识形态色彩而忽视了危机国的具体国情，许多 IMF 强加的改革措施不仅没有缓解危机，反而使危机进一步恶化，如在建立存款人保险制度之前，IMF 匆匆在印度尼西亚关闭了一系列银行，结果引起了金融恐慌。此外，IMF 在印度尼西亚还取消燃油、食品的补贴，使大量的民众的生活下降到贫困线以下。

　　鉴于此，当前的国际货币体系还有很多不足，这些不足使得布雷顿森林体系以后的浮动汇率制充满了动荡，使得货币危机频现。据 IMF《世界经济展望》统计，从 1975 ~ 1996 年间发生了 117 起货币危机。所以，在目前国际协调不足以维护汇率稳定与各国货币安全的情况下，东亚地区作为一个开放型的高速增长地区，进行区域性的国际货币合作，维护本地区汇率的稳定与国际收支的平衡，不但有必要而且有很强的现实意义。

这场金融危机给各国带来的不仅是金融、经济和社会动荡，同时也给东亚区域经济合作的缓慢进程敲响了警钟。东亚各国从这场金融危机之中清醒的认识到东亚各国相互依赖的程度越来越高。另外，亚洲金融危机还充分显示出以国际货币基金组织为支柱的当前的国际金融制度安排对于防范和处理东亚地区的金融危机存在很大的局限性。基于这样的共识，所以在新的国际金融机构和新的国际秩序建立之前，东亚地区应致力于推进地区性的经济合作和金融合作。

2. 经济、金融全球化的推动。当前，全球经济快速增长，经济全球化不断深化。主要体现出以下几个特点：一是全球制造业和服务业的快速增长。据统计，1950～1995 年用不变价来衡量的全球制造业增长了 5 倍，年平均增长率为 10%。发展中国家在制造业中的比例从 5% 上升到 20%，但主要集中于东亚和拉美国家。二是国际贸易的迅速增加。1950～1999 年，全球 GDP 增长 6 倍多，而同期的全球贸易增长了 16 倍多。三是对外直接投资急剧增长。1950～1999 年，全球对外直接投资增长了 21 倍，超过了国际贸易的增长速度。全球对外直接投资的增长，使得外国直接投资逐渐成为影响各个国家国内投资的重要力量。同时也反映了各国相互的国际分工日益超越传统的以自然资源为基础的产业部门间的分工，发展到产业内部沿着生产要素界限形成的分工。四是跨国公司异常崛起。跨国公司的发展使得经济资源的配置直接跨越了国家和地区的界限。五是技术进步突飞猛进。以计算机技术为先导的信息技术层出不穷，而且创新时间越来越短。技术进步的巨大成功在 20 世纪最后的十几年改变了世界经济、社会和生活方式，为人们的全球跨国活动提供了便利。这些特点推动了经济全球化的进程，也使全球化成为一种必然趋势。

经济全球化对东亚货币合作的外在影响体现在两方面。一方面，经济全球化具有清除汇率风险、实行货币一体化的本质要求。随着经济全球化进程的加快，各种资源流动的速度不断加快。而作为资源价格信号的载体货币的运行速度也必然加快。在存在货币主权的条件下，主权货币之间的汇率变动给资源运行带来了风险，因此从长远看，有必要实施货币合作直至逐渐建立统一的"世界货币"来减少风险。另一方面，经济全球化，特别是贸易一体化推动了货币一体化。20世纪80年代以来，许多国家普遍转变货币改革目标，增强了中央银行的独立性，以降低通胀率，恢复价格稳定。这在客观上弱化了政治对货币的影响，使货币主权开始从政府行为中分离出来，变为经济主权。欧元的诞生就是欧元区各成员国放弃货币主权以实现货币一体化和自身利益最大化的成功典范。在这种背景下，东亚国家为实施东亚货币合作乃至建成东亚单一货币区而放弃自己的货币主权就不存在太大的障碍了。伴随着经济全球化的发展，金融创新便应运而生，金融自由化改革不断深化，催生了金融的全球化。经济和金融的全球化激发了行为各方充分发挥各自比较优势，深化区域和全球国际分工合作，使各国从中获得比较利益。也使世界经济金融关系愈加紧密。

金融创新产生了大量的衍生金融工具，使金融投机成为可能并使之可以调动巨额资金，攻击任何一国的汇市，形成了全球脆弱的金融经济架构。东亚新兴工业化经济体更容易受到国际资本的冲击。发达国家存在着大量的投资基金，而单个新兴工业化经济体的经济规模、外汇储备和市场容量很小，往往率先成为国际资本的冲击对象而蒙受巨大冲击。这就需要促进东亚地区的金融和货币合作，以避免或减少这种风险。

3. 世界货币体系的发展。国际货币制度经过了金本位制、布雷顿森林体系和牙买加体系后，到20世纪80年代后期，在全球经济金融一体化的背景下，出现了货币区域化趋势，产生了许多区域性货币组织。在21世纪，地区性货币联盟将成为维系世界金融稳定的基础，届时世界可能出现一个以地区性货币联盟为主导的世界货币体系。

欧盟和北美自由贸易区已经形成了自己的区域货币体系，标志着世界经济三极中的两极已经具备了自己的本位货币。新的世界货币体系中出现欧元与美元"二元化"现象，东亚各国（地区）产生了危机感。和欧洲以及美洲的区域化相比，东亚尽管次区域的经济整合度较高，次区域的社会经济合作日趋频繁，例如，东盟板块、澳新板块、"中国经济"板块、南亚板块等，但区域内经济整合进展不大。作为世界经济的重要一极，东亚应成为维系未来国际货币制度稳定的重要力量。东亚国家或地区或者成为两个货币区的附庸；或者独来独往，承受两大货币区的挤压；或者建立一个自己的货币区。如果东亚国家甘心成为美元、欧元的附庸，实行美元化或欧元化，则会彻底损失本币发行、本币需求增长和本币存量利息三项铸币税收入。更加严重的是，这不但使本国的货币政策处于不可逆转的从属地位，而且将使本国的经济受他国控制而失去独立性。这对于与欧美发达国家有较大差距并处于发展中的大部分东亚国家（地区）来说是不可想象的。东亚国家各自在货币政策上搞独来独往，则会失去竞争性，难以抵挡危机风险，也是不利和不可取的。因此，组建独立的东亚货币区不仅符合自身的经济发展的需要，也有利于国际货币格局的平衡与协调。

同时欧元的成功启动为东亚货币合作提供了一个学习模型，起到了示范效应。1999 年 1 月正式产生的欧元，标志着一个区域内进行货币合作走向单一货币联盟成为现实。欧元的产生所进行的经济社会一体化合作与取得的经济社会效益，对推动东亚货币的一体化不能不是一种引诱和榜样。欧元的产生也说明，一个区域内不同的主权国家通过合作和妥协，可以放弃具有国家象征意义的主权货币而使用各国公认的法定货币。尽管实现单一货币需要一定的经济、政治和社会条件，欧盟经过近 30 年的努力而如愿以偿。虽然目前欧盟在货币一体化的要求条件方面远远优于东亚，但近年来越来越紧密的相互依赖经济关系为东亚合作增强了动力。正如欧元之父蒙代尔 1997 年 12 月 5 日在以色列特拉维夫大学所作的"最优货币区"讲演所言："欧元的榜样似乎不可避免地在其他地方被效仿，特别是在亚洲，但不仅仅是在亚洲，因为国际货币体系的解体产生了一种可以被地区货币安排内在化的外部性，作为对国际货币体系的一种次优选择"。

欧元的产生与欧元近几年的运作实践为东亚货币合作提供了榜样和借鉴，增强了东亚货币合作的现实动力。

4. 东亚现行汇率制度的缺陷。在开放经济背景下，东亚各国无从回避国际经济中的"三角难题"。也就是说一国经济无法同时实现货币政策的独立自主性、汇率的稳定性和资本自由流动性这三个宏观经济政策目标，任何其中两个目标的实现都必须以牺牲第三个目标为代价。东亚国家历来是国际制度规则的追随者，难以抵御国际金融资本的不稳定流动给其经济带来的不对称冲击。特别是不合时宜的盯住美元的固定汇率制度，由于美元的自由浮动而转化为一定的浮动汇率制度特征，从而使东亚国家不得不面对着变相的浮动汇率制、货币政策独立性和资本自由流动的"三角难题"。其政策表现就是，首先在美联储借提高利率来吸引国际资本流入的同时，东亚各经济体也需在维持对美元汇率稳定的同时，为吸引外资流入而付出高昂的利率调整成本。而这种政策取向恰恰为国际投机在东南亚国家进行频繁活动提供了动机。其次从贸易格局看，长期以来东亚各经济体从日本输入资本品和零部件，向美国输出制成品；用对美贸易顺差来弥补对日巨额经常收支逆差。同时东亚国家普遍采用盯住美元的固定或准固定汇率制度，对日元保持浮动汇率的特征。因此，日元对美元的汇率稳定将有利于东亚诸经济体的出口和净资本流入的稳定。然而事实上日元对美元的汇率经常出现频繁的大幅波动，加上东亚各国间相互缺少必要的货币金融协调与合作机制，经济增长严重依赖外需，其贸易就会具有明显的竞争性贬值的倾向，不利于整个地区经济的长期发展。总之，保持严格独立的货币主权已成为旧的传统观念，加强区域内货币金融方面的协调和合作，构建本地区的国际货币合作模式，应该成为今后东亚货币合作研究的重要课题。

5. 东亚经济一体化加深的需要。从 20 世纪 60 年代以来，东亚地区出现了连续多年的高速增长，与此并行出现的还有收入分配的更趋于公平，以及出口业绩的不断上升，这造就了所谓的"东

亚奇迹"。特别是中国香港、日本、韩国、新加坡、中国台湾成功
地维持增长达 30 年之久，这在世界经济发展史上是不多见的。东
亚经济的高速发展，在很大程度上取决于其大部分国家（地区）
所采取的出口导向经济发展战略。这些国家和地区所采取的坚定外
向型战略，使得它们之间的开放程度日益提高，经济联系日益增
强。东亚经济伴随着经济全球化浪潮也在整合中，一定程度上表现
了经济区域化发展的强大势头，各种自由贸易区和双边自由贸易协
定层出不穷。

　　东亚经济一体化是一个历史过程，始于 20 世纪 60～70 年代。
在此期间，日本是亚洲"四小龙"以及东盟国家的主要资金来源
国和产品出口地，当时日本以外的其他东亚国家间并无多少经济交
往。美国将东亚视为遏制中国的桥头堡，因此大力扶植中国以外的
东亚国家，给他们进入美国市场的优先权。美国给予东亚的宽松经
济发展环境，使大多数东亚国家在 60 年代就将重心放在经济建设
上，并取得了一定的成果，这为东亚各国经济的起飞奠定了坚实的
基础。1985 年，西方国家签署《广场协议》后，美国迫使日元升
值，美元因而贬值。美国随后又强迫亚洲"四小龙"相应把丧失
竞争力的产业转移到在工资上具有优势的东盟国家和中国大陆。日
本将精力放在技术密集型的产业和产品上，"四小龙"则在资本密
集型上下工夫，东亚经济的一体化大为加深。

　　东亚经济的一体化更大程度上是市场因素发展的结果，并非人
为推动的产物，不像欧盟那样一直将区域一体化作为政府的重要目
标，大力加以推行。东亚地区经济一体化的发展是经济发展自身的
要求，是一种纯经济的产物，代表着东亚经济发展的方向。东亚不
断提高的经融合作是经济自身发展规律的产物，贸易上的内部化是
由于贸易自由化，国民生产总值的提高，国家和地区间距离近，比
较优势的差异等原因。资本流动的原因是多方面的，但都是经济自
发的产物。首先，经济水平更先进的国家或地区将已失去优势的产
业以直接投资的形式输出到该产业上具有优势的国家或地区。其
次，为利用当地的市场而直接投资。再次，是利用资本输入国或地

区能出口到其他国家或地区的便利。这些自然的因素在很大程度上解释了东亚经济不断融合的原因，很少有人为因素的影响。

目前，东亚的贸易与投资自由化主要由建立自由贸易区和签署双边自由贸易协定等几种方式来推进。

（1）东盟自由贸易区。东盟自由贸易区是东亚发展程度最高的区域性经济集团。该自由贸易区计划开始于 1992 年，原计划用 15 年的时间完成，在此过程中，建成自由贸易区的时间表被一再提前，开放的项目也被一再扩大。1994 年东盟决定把 CEPT（"共同有效优惠关税"计划）完成的时间由 15 年提前为 10 年（即从 2008 年提前到 2003 年），1998 年再次决定实施 CEPT 的时间提前一年（即提前到 2002 年）。在 CEPT 计划下，原东盟 6 国的平均关税已经从 1993 年开始进行关税减让时的 12.76% 下降到 2003 年 1 月的 2.39%，而各新成员的关税减让仍然必须在规定的时间内降到 0~5% 的水平：越南（2006）年、老挝和缅甸（2008 年）以及柬埔寨（2010 年）。总的来说，东盟自由贸易区目前已经基本上建成。

（2）中国—东盟自由贸易区建设。2001 年年底，在第五次东盟与中国领导人会议上，中国关于用 10 年时间建成中国—东盟自由贸易区的提议得到东盟国家的支持。2002 年年底中国与东盟签署了《中国与东盟全面经济合作框架协议》。协定规定：中国与原东盟 6 国于 2010 年建成自由贸易区，而东盟新成员则到 2015 年才加入到自由贸易区中来。该协议的签订，揭开了中国与东盟进行全面经济合作的序幕，标志着中国与东盟的经贸合作进入了一个全新的历史时期。2003 年 10 月 1 日中、泰之间启动蔬菜和水果零关税计划，标志着整个自由化的进程进入了实施阶段。中国—东盟自由贸易区是东盟自由贸易区向外扩大与延伸的产物，是东盟自由贸易区成为东亚经济一体化进程推动力的又一个重要表现；同时，也是使东亚自由贸易区建设成为可能的一种新尝试。

（3）双边自由贸易协定。东亚的双边自由贸易协定分为两类：一是东亚内部经济体之间的双边自由贸易协定，二是东亚经济体与非东亚经济体之间的双边自由贸易协定。前者有日新自由贸易协议，后者有美新自由贸易协定。此外，还有其他一些正在开展中的双边自由贸易谈判，如日本与韩国、新加坡与韩国、新加坡与加拿大、新加坡与墨西哥等自由贸易谈判。东亚经济体目前已签署的各种双边自由贸易协定已经突破了传统意义上的自由贸易协定的框架和内容，除了包括商品和服务的关税与非关税壁垒的消减之外，还增加了其他的新内容。正如新加坡总理吴作栋所说："新加坡与日本所签署的并不只是一个有关商品贸易、服务贸易以及投资自由化这样一个传统的自由贸易协定，它还包括诸如信息通讯技术、科学技术、金融服务、旅游和人力资源开发这样一些重要的增长领域的合作"。

（4）"10＋1"机制、"10＋3"机制与东亚自由贸易区概念。"10＋1"机制和"10＋3"机制是东亚于 1997 年首次提出的两种首脑级论坛机制，是东盟与中、日、韩三国领导人就各方共同关心的诸如东亚的经济合作与发展、金融稳定、安全对话、人力资源开发等问题进行沟通与交流的两个平台。东盟年度会议结束后，东盟领导人分别与三个对话国（中、日、韩）的领导人先后进行会晤，并分别发表联合声明，形成"10＋1"机制；然后再与中、日、韩三国领导人同时进行会晤，发表联合声明，形成"10＋3"机制。1997 年的"10＋1"会议为双方 21 世纪的合作提出框架，1999 年的"10＋3"会议提出东亚合作的领域。2002 年的"10＋3"会议上，领导人们对韩国提出的"在长期内把'10＋3'首脑会议演变成东亚首脑会议，并最终发展成东亚自由贸易区"的理想表示赞同。2003 年的"10＋3"会议上，中国总理温家宝正式建议东亚各国就建立东亚自由贸易区的可行性进行研究。综上所述，东亚贸易与投资自由化的进程表明东亚经济一体化的加深，这也为东亚货币合作起到一个强有力的推动力量和现实的物质基础。

10.1.2　东亚货币合作的历史进程

东亚货币合作可追溯到 1977 年签署的东盟五国货币互换安排

（ASA）。当时五个签约国分别为印度尼西亚、菲律宾、马来西亚、新加坡和泰国，目的是向面临短期国际收支困难和需要短期流动性的签约国提供短期资金，以此增强该地区的金融稳定性。初始签约金额是1亿美元，到1978年增加到2亿美元。该项货币互换安排使用得很少，在1979～1985年期间，菲律宾使用过五次，合计金额3.4亿美元；印度尼西亚、马来西亚和泰国各使用过一次，金额分别为：2千万美元，4百万美元，8千万美元，之后没有再使用过。由于金额太小，东亚金融危机期间也就根本没有动用该资金。虽然东盟的货币互换协议在金融危机期间没有发挥作用，但是却为金融危机后东亚货币合作提供了一种可供选择的合作模式。

东亚金融危机改变了东亚各国政府对东亚区域合作得消极态度，增强了区域货币合作的动力，各个国家之间开始积极探讨各种货币合作的可能形式。

1. 东亚地区监督机制的发展。亚洲金融危机发生以后，最具紧迫性的一个问题是如何加强金融监督机制的建设，以避免此类危机再发生。迄今为止东亚地区已经在该领域取得了一定的进展，包括：

（1）1997年11月，在APEC范围内建立了"马尼拉框架"集团，与亚洲开发银行（ADB）、世界银行及IMF协作进行经济信息交流与经济形势监控。

（2）1998年10月，东盟各国财长签订了《理解条约》，建立了东盟监督进程（asean surveillance process，ASP）。根据东盟成员国之间同等评议和相互关注的原则，东盟监督机制的宗旨是加强东盟集团内部的决策能力，包括：协助东盟成员发现潜在的危机并做出相应反应；评估东盟成员国可能导致金融动荡和危机的各种弱点；推广符合国际标准的稳健行为规范，提高东盟成员国经济政策协调水平；对潜在薄弱部门进行审查，改善成员国的"同行监督"环境。除了正常的汇率和宏观经济总量的监督外，东盟监督机制还包括能力建设、增强机构和信息共享。根据东盟监督机制，东盟各国财长每年聚会两次，进行政策协调。东盟监督机制由东盟各中央银行行长和财长、部长组成的特别委员会行使。东盟监督机制也涉及宏观经济政策的协调，在亚行的协助下建立了一些技术性的监督项目。

（3）2000 年 4 月，ADB 和 ASEAN 共同成立了"私人资本流动监控"工作组，由 ADB 提供资金，分析并汇报区域内私人资本流动数据。

（4）2001 年 5 月夏威夷东盟"10＋3"财长会议与其后的 ADB 会议均提出设立东盟"10＋3"早期预警系统，以便及时发现金融动荡隐患。亚洲开发银行同"10＋3"指派的研究小组共同负责设立这一预警系统，项目的计划如下：首先在 IMF、学术界和各国研究的基础上建立初步的模型，然后，利用相关的历史数据对指标进行筛选；最后，确定模型并开始在"10＋3"区域内实施，并不断改进。此外，该项目还针对各项指标和各国的实际情况制定出解决措施，指导各国的货币当局或者政府采取相关的防御措施和方案。目前这一项目已经完成了技术模型的设计，进入实验阶段。

（5）货币政策与金融监管政策的协调。在充分交流信息的基础上，各国、各地区可以协调各自的货币政策与金融监管措施，以防止各国、地区利差过大及监管程度不同引发区域内资本大规模流动，导致金融动荡。在货币政策方面，主要是协调利率水平，使利差更多地反映各国、各地区实际收益率差异而非金融市场的短期波动，同时在政策变动之前相互沟通，以便其他国家采取对策；在金融监管方面，则要提高各国金融市场透明度，同时对利用高杠杆比率运作的金融机构采取适当的监管，以防止私人部门的投机活动。

2. 危机救助机制的发展。亚洲金融危机之所以迅速扩展，重要的原因之一是缺乏地区货币支持力量和及时的救助措施。在金融危机发生以后，由于国际货币基金组织行动迟缓，救助方式不太符合东亚国家的情况，美国也迟迟不伸出援助之手，使东亚国家加强了对建立本地区金融合作尤其是金融救助机制紧迫性的认识。

（1）亚洲货币基金的构想（asian monetary fund，AMF）。最早提出的建议是日本政府于 1997 年 9 月在 IMF 和亚洲开发银行会议上提出的建立"亚洲货币基金"的构想，倡议组成一个组织，筹集 1000 亿美元的资金，为遭受货币危机的国家提供援助。AMF 主要通过三种方式筹集资金：一是向成员方借贷。其机制类似于 IMF 的总借贷协议（CAB）。成员国要从外汇储备中划出一部分随时准备提供给亚洲货币基金支配。成员方依然对这笔资金拥有所有权，并将其视为外汇储备的一种形式。二是国际资本市场介入。由于资金是从资本市场筹措，提供这种资金的利息率相当高。成员方应把自己未使用的外汇储备用来作为亚洲货币基金从资本市场筹资的担保。三是扩展对成员方借款的担保。由于有亚洲货币基金的担保，受危机影响的国家可以凭借较高的资信等级和较好的条件筹集到资金。

AMF 一经提出立即受到部分东亚国家的拥护。这是因为，一方面 AMF 作为东亚区域多国宏观金融监管和援助机构，可以早期预警成员国的金融风险，监控短期非法资金的流动，并对已陷入困境的成员国提供援助，在解救金融危机上发挥作用；另一方面通过 AMF 的协调可以促进亚洲各国的金融关系，推动金融货币合作上的一个新的台阶，为稳定的金融秩序提供保证。

美国和 IMF 担心日本在亚洲势力范围的扩张，而削弱自身在亚洲的影响力，从一开始就反对 AMF 的计划。认为 AMF 的功能和作用与 IMF 很相似，因而没有必要重新设置，而且 AMF 构想对危机国的贷款条件放松，容易诱发道德风险。由于美国和 IMF 的反对，加之部分亚洲国家对日本提出 AMF 的实际动机表示怀疑，因此，AMF 以流产而终结。虽然 AMF 没有得以实现，但为东亚各国的金融货币合作提供了一个雏形，为合作形式提供了一种可能的范式。

（2）新宫泽构想。日本在 1998 年 10 月以大藏大臣宫泽喜一的名义提出了"新宫泽构想"，倡议建立总额为 300 亿美元的亚洲基金，其中 150 亿美元用于满足遭受危机国家中长期资金需求，150 亿美元用于满足其短期资金需求。由于当时 IMF 在印度尼西亚和韩国的救援措施不仅恶化了当地经济，而且受到国际经济学界的广泛批评，因此这一建议出台后不仅受到东亚国家的欢迎，也获得了美国政府和 IMF 的支持。2000 年 2 月 2 日，按照"新宫泽构想"，还为马来西亚、菲律宾和泰国提供了 22.6 亿美元的贷款担保。

（3）东亚货币基金（east asian monetary fund）。1999 年 10 月 18 日，马来西亚总理马哈蒂尔在"东亚经济峰会"上提出建立"东亚货币基金"的倡议。他主张从东亚开始进行多边协议，然后逐渐扩大到其他亚洲国家。"东亚基金"的规模比国际基金小，是一个完全属于东亚地区的基金。

10.1.3　东亚货币合作现状

1. 东亚货币合作的里程碑——清迈协议。亚洲金融危机在经历了 1999 年的短暂稳定和复苏后，在 2000 年又出现反复，特别是在 2000 年的下半年，东亚部分国家的汇率制度出现大幅波动，这说明浮动汇率制并不能杜绝东亚的根本问题，在现行国际金融体系下，东亚各国唯有进一步加强本地区金融合作才是现实选择。在这一背景下，东亚金融合作取得了实质性的进展，2000 年 5 月在泰国清迈举行的亚行年会上，东亚 13 国财长一致同意在"10 + 3"机制下建立一种货币互换安排体制，用以克服未来可能再次出现的金融危机，即签署了"建立双边货币互换机制"。这种货币互换安排的目标是建立以本地区各成员方之间货币互换和回购双边条约为基础的地区金融合作网，以此保护货币免遭投机性攻击。这一进展的重要标志便是"清迈协议"的诞生。协议强调，为进一步保持区域经济稳步增长，加强彼此间的政策对话和区域合作，应先建立一个充分协调区域经济和金融监控及资金支持的相互援助体系。涉及金融合作的协议主要有：扩大与加强仅在东盟五国（泰国、马来西亚、新加坡、印度尼西亚、菲律宾）之间的货币互换协定；充分利用"10 + 3"的组织框架，加强有关资本流动数据及信息的交换；通过完善亚洲各国间货币的直接外汇市场并建立资金结算体系，扩大亚洲货币之间的交易。

这一具有实际内容的协议符合东亚有关国家的实际情况和要求，对于建立东亚国家间新的国际金融合作框架具有里程碑式的意义。协议的诞生引起了人们对于建立东亚区域货币合作的广泛热情。2000 年 8 月，东盟"10 + 3"各国中央银行又将多边货币互换计划的规模由 2 亿美元扩展到 10 亿美元。一年后，这一协议取得了实际性进展：扩展了东盟互换协议和双边互换回购协议。

2. 各层次的政策对话机制的建立。建立地区内各国的政策对话和经济监督机制是区域金融合作的一个重要组成部分。与此同时，经济监督不仅包括成员国宏观经济金融条件和政策分析，还包括对经济中存在的种种脆弱性的辨别和提出适当的对策。

（1）ASEAN 监督机制。ASEAN 监督机制建立于 1998 年 10 月。这一机制的建立第一次实现了在一个区域内由发展中国家组织建立起信息交换、政策对话，以及对可能出现的不利于成员国家经济的变动和事件提供政策建议。根据这一机制安排，ASEAN 财长每年就政策协调会晤两次，财政部和中央银行副手为其做准备工作。这一机制包括两个组成部分，一个是对主要经济与金融指标出现的各种非正常变动提供早期探测的监控机制；另一个是提供应对政策建议的互相检查机制。ASEAN 监督协调单位（ASCU）对成员国最近的经济和金融形式进行分析，并出版 ASEAN 监督报告（ASEAN Surveillance Report）。与此同时，亚洲开发银行（ADB）通过出版 ASEAN 经济展望（ASEAN Economic Outlook）和专题研究报告，以及提供技术支援来协助 ASEAN 监督程序的运行。

（2）马尼拉框架组（MFG）。MFG 是在 IMF、世界银行和国际清算银行（BIS）的共同支持下成立的一个具有高层次监督对话机制的区域性合作论坛，主要由财政部和中央银行副手参与。尽管 MFG 为区域高层次政策提供了平台，但没有任何常设秘书处和自身资金来源，从 2003 年以来会谈的频率从一年平均两次减少到一次。

（3）EMEAP。EMEAP 建立于 1991 年，由日本银行和澳大利亚储备银行统领建立。论坛的主要目的是促进区域监督和信息交换，以及促进金融市场的发展。它的主要活动包括中央银行行长的年会，副行长的半年会，以及三个工作组。由于没有常设秘书处，论坛的组织运作由成员中央银行轮流执行。从 1997 年以来，EMEAP 中央银行政策对话演变为 ASEAN 中央银行论坛（ASEAN Central Bank Forum）。

（4）"ASEAN + 3"经济评论和政策对话。1997 年 12 月，ASEAN10 国和中、日、韩第一次会谈共同商讨地区的和平、稳定和安全问题。1999 年 4 月，"ASEAN + 3"财长达成共识，即通过"ASEAN + 3"框架来加强东亚地区的自助机制，并推动 2000 年 5 月建立"ASEAN + 3"经济评论和政策对话（"ASEAN + 3" Economic Review and Policy Dialogue – ERPD）。在这一机制下，"ASEAN + 3"财长举行年会，讨论政策问题和互换信息，财政部和中央银行副手为年会做准备。"ASEAN + 3"ERPD 机制关注的重点问题包括在东亚地区协调宏观经济风险的管理、监测区域资本流动、增强银行业和金融体系、改革国际金融框架，以及提高自助机制。与 ASEAN 监督机制相似，由于没有独立的、专门的组织形式来为分析和评估工作做准备，"ASEAN + 3"ERDP 的运作缺乏效率。

总之，各种政策对话机制普遍比较松散。比较而言，在监督质量和政策对话的坦诚方面，目前的 MFG 比其他机制更有优势。而"ASEAN + 3"框架下的监督机制改进方面面临的最大挑战可能在于如何提高运作效率。在如何强化政策对话机制、是否需要制度化安排来实现更有效率和更具约束力的对话平台等方面，东亚地区尚没有一个被普遍接受的方案。

3. 亚洲债券基金的实施。2002 年 8 月，泰国最先提出成立亚洲债券基金，基金初期总值 10 亿～15 亿美元。设立亚洲债券市场的目的是借此减少正在克服经济危机的亚洲国家对全球最大国家的依赖。泰国政府表示会从外币储备拨资 2 亿美元吸纳以美元结算的亚洲债券基金。2003 年 3 月，泰国财政部和中央银行完成设立亚洲债券基金的计划拟制，其构想是：由亚洲国家自愿参加亚洲债券基金，参加国从各自的中央银行储备金中拿出 1% 的款项用于发展亚洲的债券市场、增加本区域的资本流通和维持亚洲货币的稳定。必要的时候参加国可以向亚洲债券基金贷款来维持本身货币的稳定。2003 年 6 月 2 日，东亚及太平洋地区中央银行行长会议组织（EMEAP）11 个中央银行和货币当局同时发布公告：正式启动亚洲债券基金，初始规模 10 亿美元，由各国央行动用储备以美元认购。该基金将以国际清算银行为基金管理人，同时 EMEAP 将建立管理委员会监督运作。该基金主要投资于其 8 个成员（日本、澳大利亚和新西兰除外）的主权与准主权美元债券。近两年来，运作业绩良好。从某种程度上讲，亚洲债券基金已经是未来亚洲货币基金的雏形。

建立 ABF 的目的主要是通过两个机制提高金融的稳定性。首先一个机制是政策层面上的，是一个具有象征性意义的机制，即亚洲地区各中央银行通过设立共同参与投资的基金，表明他们进一步推动和加强地区金融合作的决心。因为，亚洲金融危机的教训之一是，在亚洲地区缺乏防范和应付危机的合作机制，而在接收来自国际货币基金组织等国际机构的援助的同时，在相当程度上受到这些机构以进一步自由化为原则的所谓"华盛顿共识"的制约。因此，在危机后出现了各种亚洲货币合作的构想和建议，如日本于 1997 年提出了"亚洲货币基金构想"，但因为遭到美国和国际货币基金组织的反对而搁浅了；2000 年 5 月，由东盟 10 国、中国、日本和韩国签署的"清迈动议"，随后在东盟 10 国、中国、日本和韩国之间开始签署一系列双边互换协议。这一合作形式在事实上成为了目前亚洲货币合作的制度基础。现在亚洲债券基金的推出，应该说将这一地区的金融合作又向前推动了一步。这种加强合作的决心，有利于提高这一地区金融的稳定性；另一机制是经济层面上，通过推动亚洲地区债券市场的发展，减少亚洲地区对银行体系过度依赖所带来的金融体系的脆弱性。由于亚洲债券基金立足于扶持本地区债券市场的发展，发展直接融资，可以改变这一地区对银行业过度依赖的状况，有利于金融体系的稳定性。同时，ABF 将推出以本地区为主要交易计值货币的债券，这将有助于培育本地区的载体货币，从而摆脱对美元的过度依赖。

10.2　东亚货币合作的制约因素

10.2.1　影响东亚货币合作的内部制约因素

1. 经济发展水平和市场化程度的差异。区域内各国经济制度、经济发展水平和经济结构存在差异，导致各国对货币合作机制的要求也不一致，各国为了追求本国利益的最大化，就会在东亚区域货币合作机制建立过程中互不妥协、协调困难。另外，经济结构缺乏相似性，给区域经济政策协调增加了难度。区域内国家会在贸易政策、宏观经济政策和汇率政策方面出现种种矛盾，都可能使合作流产。经济发展水平及经济结构有较大差异国家建立区域货币合作机制相对较为复杂，故东亚建立区域货币合作机制的过程应该考虑经济一体化的程度，达到一些前提条件，包括在不同阶段的经济趋同标准、汇率安排的过渡形式、财政纪律、区内资本流动性、地区竞争政策及劳动力市场的一体化等。

东亚各国的市场化发展程度不一，日本和韩国、新加坡等新兴工业化国家和地区市场化程度很高，经济的国际化程度也很高。中国目前正处于深化经济体制改革，不断完善市场经济体制之中，尽管市场化发展程度很快，但仍处于发育当中，总体国际化水平尚待提高。越南、缅甸、柬埔寨等东亚相对落后的国家，市场发育不完善，经济国际化水平低。不同的市场化发展程度和融入国际经济的深度差异，毫无疑问给各国的货币合作造成障碍。

2. 政治障碍。欧洲货币合作实践的成功经验告诉我们，区域货币合作要有一个政治联盟为后盾，与欧盟相比，东亚货币合作的困境可能主要在政治方面。首先，长期以来东亚各国和地区一直存在分歧，包括历史上的积怨、领土纠纷、文化传统、宗教信仰、价值观的差异等，因此他们更多的是把彼此视为竞争对象而不是潜在的合作伙伴。

　　造成东亚内部政治形势复杂多变最主要的原因是日本对待其第二次世界大战期间给亚洲各国人民造成侵略灾难历史的态度。长期以来，日本从未认真反思这段罪恶的历史，更令东亚人民遗憾的是，日本国内相当一部分人，包括一些政府政要，认为日本在第二次世界大战中战败是日本的耻辱，他们极力想否认或忘掉这段历史，并希望其他国家不要揪住这段历史不放，甚至认为对战争的反省是日本民族的自虐。近10余年，日本军费支出仅次于美国，位居世界第二，其谋求成为军事大国的意图越来越明显，企图以此实现其政治大国并主导地区事务的梦想。近几年来日本前首相小泉纯一郎4次参拜靖国神社，引起了东亚各国政府的强烈不满。日本对待历史问题的态度和举措引起了东亚国家的高度警惕。

　　造成东亚内部政治复杂的另一个原因是历史遗留的领土争端问题。由于历史原因，东亚地区存在大量的领土、岛屿归属和海洋划界争端。如日韩的"独（竹）岛"之争；中日的钓鱼岛之争；泰老关于边界及湄公河航运与水资源问题；泰越关于暹罗湾的捕鱼纠纷；越、菲、马在中国南沙群岛主权问题上的矛盾，等等。众多的领土争端给东亚和平稳定造成了隐患，造成东亚地缘政治的复杂化。

　　此外，近年来中国的崛起，被一些别有用心的国家鼓吹"中国威胁论"所玷污，东亚部分国家特别是东南亚国家也受到此言论的影响，产生了对中国的戒备心理，增添了东亚各国的不信任感。

　　其次，区域货币合作需要各国让渡一部分经济政策的自主权，服从一种共同的货币政策。然而，到目前为止，东亚国家并没有显示出愿意放弃部分货币政策的自主权换取货币合作成功的决心。这一地区也缺乏类似欧盟货币委员会那样的超越主权国家权力的机构，以及对违反合作协议的成员国进行强制惩罚的机制。因此，如果东亚地区希望建立并完善区域货币合作机制，需要各国强有力的政治承诺。

3. 社会文化意识因素。东亚地区许多国家19世纪以来饱受殖民主义的迫害。第二次世界大战后，东亚各国走上了独立的道路，各国政治体制不一，有实行人民代表制度的国家（如中国、越南和老挝），有实行总统共和制的国家（如印度尼西亚和菲律宾），有实行议会共和制的国家（如新加坡），有实行君主制的国家（如柬埔寨、泰国、马来西亚和文莱），有实行军政府国家（如缅甸）。各国政体的不同直接导致了社会意识形态和经济体制的差异，而这又导致各国价值观的不同。

东亚各国的文化背景相差也很大。中国文化、佛教文化、伊斯兰教文化、西方文化在东亚地区不同的国家有不同的体现，并且影响着不同国家的社会生活。缅甸和印度尼西亚是佛教、基督教和伊斯兰教并存的国家，菲律宾93%的人信仰基督教，文莱和马来西亚多数人信奉伊斯兰教。韩国居民多信仰佛教、基督教、天主教和儒教等，日本居民多信奉神道和佛教。加之这一地区的民族和种族较多，造成民族与宗教问题复杂化，尤其是在东盟内部较为突出，有学者认为："东南亚安全的隐患在于：东盟国家内部政治和社会不稳定，严重的动乱和分离主义的危险，将影响其他国家。"这势必会影响整个地区局势的稳定。

社会文化意识的认同对地区经济、货币合作至关重要。欧盟经济合作与货币一体化的成功推进，一个重要方面得益于欧盟国家拥有共同的意识形态、思想文化和价值认同。在经济全球化的浪潮中，东亚开放、共生的地区社会文化意识理念的形成为期尚远。当前缺乏共同的价值观念、文化支撑和意识认同，使得东亚今后的经济、货币合作无疑充满了不确定因素。

10.2.2 影响东亚货币合作的外部制约因素

在东亚货币合作中，外部影响最大的是美国因素。美国作为当今世界唯一的经济、政治、军事大国，在亚太地区有着重要的战略利益。东亚大部分国家与美国有着紧密的经济贸易关系：日本对美国的贸易额占其GDP的2.9%，新兴工业国家对美国的贸易额占其 GDP 的 10.3%，中国的这一比例也高达 5.9%。虽然东亚区域内的贸易紧密度加强，但同美国之间的贸易仍是东亚各国对外发展的重要力量。紧密的经济贸易关系增强了美国对东亚的经济影响力，加强了东亚经济对美国的依赖性，使得美元在东亚有着极为重要的地位，而东亚货币合作的快速推进，毫无疑问会增强东亚货币的实力，这无疑会影响到美元在东亚的地位，也影响到美国在东亚的经济利益，这是美国所不愿看到的，因此美国并不希望东亚货币一体化的快速发展，美国否定亚洲货币基金组织的成立就是例证。

美国目前维持着美日同盟、美韩同盟和美菲、美泰等双边同盟，在东亚地区有着重要的影响力，这些国家在安全上对美国有着严重的依赖性，美国在东亚事务中的言行对这些国家有着相当的影响。而且，东亚的大国日本长期遵循"美主日从"的外交路线，对美国言听计从，这不利于日本在东亚货币合作中的功能发挥，也使得其他国家对日本失去信心。同时，由于苏联的解体和俄罗斯经济复苏缓慢，美国把和平崛起的中国看成潜在的威胁，甚至假想的"敌人"，更利用台湾问题来牵制中国。这显然不利于东亚经济金融合作，阻碍了中国在东亚货币合作中积极作用的发挥。美国因素在东亚货币合作推进中的作用是举足重轻的，非常重要，不容忽视。

10.3 人民币区域化及其在东亚货币合作中的地位和作用

随着中国在东亚地区影响力的逐步增强及其在东亚经济复苏、东亚产业模式转型中发挥的积极作用，中国的经济、政治地位已经为其成为东亚区域货币合作的领导者和推动者奠定了基础。然而由于当前中国仍然对资本项目进行管制、人民币仍然不可自由兑换以及缺乏强有力的宏观金融调控能力等，严重阻碍了人民币成为区域主导货币的进程。但是应该看到，这一进程将有利于稳定我国的外部经济环境，促进我国经济的持续发展。

10.3.1　中国与人民币在东亚区域货币合作进程中的地位和作用

导致东亚区域货币合作进展缓慢的一个非常重要的原因是东亚区域主导货币的缺失，区域内缺乏公认的领导者和强有力的推动者。而随着中国政治、经济实力的增强，人民币的地位和影响力逐渐提高，并有望成为东亚区域主导货币。同时，在这一进程中，由于中国在东亚经济发展进程中的特殊地位和作用，随着人民币的区域化，中国将可能成为东亚区域货币合作的领导者和推动者，进而促进整个货币合作进程。

1. 中国经济的发展促进了亚洲金融危机后东亚经济的复苏。中国和日本作为东亚地区中的经济大国，其发展的方式、对外政策的实施等都影响和制约着整个东亚经济的发展。随着中国经济实力的增强，其已逐渐取代日本成为了整个东亚经济增长的主要动力。同时，在危机爆发后，日本同样作为区域中的经济大国，在危机中的表现却与中国形成了鲜明的对比，其在东亚国家和地区中的国际形象受到了很大的影响。

在亚洲金融危机期间，由于中国实行比较谨慎的金融政策，加之前几年采取了的一系列防范金融风险的措施，在危机中并未受到直接冲击，金融和经济继续保持稳定。亚洲国家和国际社会普遍承认，1997 年的亚洲金融危机对于中国的国际形象来说是一个转折点。为了帮助亚洲国家摆脱金融危机，中国政府本着高度负责的态度，从维护本地区稳定和发展的大局出发，履行了人民币不贬值的诺言，这对亚洲度过金融危机起到了重要作用。同时中国还采取了一系列积极的财政政策和金融政策，对阻击东亚金融危机起到了重要作用。中国也参与了国际货币基金组织对亚洲有关国家的援助，给予了泰国和印度尼西亚贷款，通过双边援助向泰国提供了 100 万美元的经济援助，向印度尼西亚等国提供了出口信贷和紧急无偿药品援助等。此外，中国还与有关各方协调配合，积极参与和推动地区和国际金融合作。

亚洲金融危机以后，日本、韩国和东盟各国都迫切需要对内调整产业结构，对外加强经济合作。而中国在这一阶段大幅降低关税、逐步取消进口配额和许可证制度，使得中国成为了东亚国家和地区又一个消费品进口大国。加之中国服务业对外资的逐步开放，这在有效带动东亚地区的经济增长的同时，为美、日、韩等发达国家资本的转移也提供了出路。另外，近年来中国经济结构逐渐转变为技术、资本密集和劳动密集共存的多层次、多元化的产业结构。某些劳动密集型产品和低端的技术密集型产品可以通过外包的方式从中国转向劳动力更为便宜的南亚地区。这种新型的区域内分工和贸易有助于加强东亚经济整体抗击外部风险的能力，而中国在这其中几乎处于核心地位，带动和串联着整个区域内分工。当然，这种新型的模式也意味着东亚各国政府需要通过合作协调各自的发展战略和产业政策，维持相对稳定的汇率安排，建立横向分工，依靠制造业的网络效应，共同推动东亚经济的发展。

尽管在这一过程中东盟国家对中国的崛起存在着较多的担心，但随着中国开始同东盟建立起密切合作，东盟国家对中国的看法也发生了改变。中国已从原来东盟国家眼中贸易上的竞争者、外交上的强势者和军事上的潜在威胁逐渐转变成了如今的"一个负责任的大国"和亚洲经济增长的发动机。

2. 中国经济的发展引导了东亚发展模式的转变，促进区域产业循环趋向完整。随着中国经济实力的增强，政治、经济地位的日益提高，中国的影响力进一步扩大，其在拉动东亚经济增长方面日益发挥着重要的作用。特别是中国加入 WTO 以及东亚 FTA（自由贸易协定）的进程的推进，更是有效地促进了中国成为东亚区域主要的"市场提供者"角色的显现。在区域内贸易中，中国已经成为东亚大多数经济体在区域内贸易中的主要出口市场。中国将逐步转向对其他东亚经济体的逆差而对西方国家的顺差的局面，这将在很大程度上改变东亚地区现有的贸易格局。同时，从中国的外汇储备增长状况、对外资的吸引能力以及中国在东亚国家和地区的投资情况等方面都可以看出中国正逐步替代美国成为东亚地区的主要

"市场提供者"。而从上述中国—东盟自由贸易协定的相关谈判和措施来看，随着这一协定的逐步推进，中国在东亚区域市场中的地位还将逐步提高。从而可以进一步引导东亚国家和地区转变高度依赖区域外市场的经济发展模式，促进东亚区域产业循环趋向完整。

3. 人民币汇率政策对亚洲货币篮子的影响。随着中国经济的发展，中国在世界经济中的地位举足轻重，人民币汇率政策对其周边国家的汇率政策有着重要的影响。2005 年中国宣布改革人民币汇率形成机制，当天马来西亚就宣布改变 1997 年金融危机以来一直实行的盯住美元的汇率政策，而日元等东亚货币也出现大幅的波动。因此，中国与东亚各国在汇率政策上协调的加强，以及相互间的信息沟通制度的建立，有利于维持区域内双边汇率的相对稳定，为进一步的货币合作奠定良好的基础。

中国及人民币在东亚经济发展中具有特殊的地位和作用，因而在东亚区域货币合作缺乏强劲推动者及相应的主导货币的现实情况下，应该积极推动人民币的区域化进程进而推动整个区域货币合作。

10.3.2　正确处理人民币区域化中面临的重要关系，推动东亚区域货币合作

制度化、合理化、循序渐进的推进人民币区域化进程，不仅会给我国的经济带来巨大的收益，同时也有助于东亚区域货币合作的开展。然而由于东亚国家和地区之间的相互关系错综复杂，东亚货币合作的进程关系到区域内外各个利益集团在东亚地区的得失。因此，中国在推动人民币区域化及参与东亚货币合作的进程中还应该处理好同美国、日本以及其他东亚国家之间的关系，力求在货币合作中取得双赢或多赢的结果，最终推动东亚区域货币合作的建立和完善。

1. 正确处理与美国（美元）的关系。东亚各国与美国在经济、政治领域存在着很强的联系，各成员在贸易结算、进出口等多方面都依赖于美国。依据 IMF 贸易统计年鉴数据显示，日本对美国的

贸易额占其对外贸易额的 17.7%，菲律宾对美国的贸易额占其总贸易额的 17.3%，中国的这一比例也高达 13.7%，东亚地区对美国的贸易额占该地区贸易总额的 13.4%。紧密的经济贸易关系增强了美国对东亚的经济影响力，加强了东亚经济对美国的依赖性。美国不愿意东亚出现某个国家货币过于强大的情况，其目的在于寻求一种亚洲各国货币之间的低水平均衡，既保证东亚地区的金融相对稳定，防止再次发生金融危机的可能，避免对世界经济特别是美国本土经济产生危害，又不会有哪种货币威胁到美元在亚洲的地位。而人民币的区域化及其在东亚货币合作中地位和作用的增强，会推动东亚货币合作的进程，增强东亚货币的实力，这无疑会影响到美元在东亚的地位。美国为维持美元在东亚区域中的核心地位，必要时可能会干预人民币的区域化及东亚货币合作。因此，中国参与东亚区域货币合作以及人民币的区域化必须考虑美国的作用和影响，谨慎处理与美国的关系，避免人民币成为美元的避险工具和国际游资的投机对象。

目前，人民币汇率已正式进入有管理的浮动汇率制度，不再盯住单一美元。而是选择若干种主要货币组成一个货币篮子，同时以市场供求为基础，参考一篮子货币计算人民币多边汇率指数的变化，对人民币汇率进行管理和调节，维护人民币汇率在合理均衡水平上的基本稳定。在人民币汇率制度改革以来，人民币对美元持续的升值符合美国的利益要求，并未引起其反对。但是人民币一旦成为强势货币，将会影响到美元在东亚的霸主地位，美国可能会采取种种手段加以干涉。因此，人民币要实现区域化发展，进而带动东亚货币合作，从当前来看应采取渐进式的策略，与东亚各国之间建立多重货币合作机制，以逐渐摆脱美元的控制和影响。

2. 正确处理与日本（日元）的关系。尽管日本经济持续衰退，其"日元国际化"战略在提出了 20 多年之后陷入困境，但是日本经济自第二次世界大战结束以来综合经济实力不断增强，很长时间都保持全球第二大经济强国。多年积累的经济实力和以此建立的日元优势地位，使得日本在东亚经济金融合作中具有重要的地位和作用。虽然日元并没有成为真正的国际性货币，依旧停留在美元的"附庸"地位，然而作为国际三大货币之一，其国际化程度相对较高，在国际贸易中的使用规模较大。此外，日本目前已经建立起比较完备的金融市场，著名的东京外汇市场便是世界上最重要的外汇市场之一，这对于日元扩展国际流通空间起到了十分关键的作用。

中国的 GDP 在 2011 年超过日本，仅次于美国，排名世界第二位。在日本经济衰退期间，中国则保持了较高的经济增长率。此外，中国的金融市场在多年的改革与发展之后已初见雏形，但是与日本发达的金融市场相比，中国的金融市场相对落后。中国大陆地区目前也缺乏一个成熟的国际金融中心。由于两国在经济、金融发展上都还存在各自的劣势，再加上美元霸权国际货币体系的影响，日元和人民币在目前看来都难以独自发展成为一个能与美元相媲美的国际货币。而作为东亚经济发展居于前列的国家，中国和日本应明智地选择合作的策略，加强银行和金融体系等方面的政策对话、协调、沟通与合作，谨慎处理中日贸易及汇率纠纷，促进信息沟通的迅速、准确性，开发最新的金融技术等。同时，中日作为近邻，无论从地缘经济还是地缘政治方面，都能够对彼此产生重要的影响。因此，中日之间更应该利用这种天然的地理紧邻条件，通过互利合作、协调沟通，努力发挥地区大国的积极作用，共同推动东亚货币合作的进程。

3. 正确处理与东盟各国的关系。东盟经过 30 多年的发展和建设，已成为拥有 10 个成员方、450 万平方公里的总面积、约 5.12 亿的人口、7000 亿美元国民生产总值的区域性国际组织。作为倡导东亚一体化的先驱，东盟成立之初只是一个保卫自己安全利益及与西方保持战略关系的联盟，其活动仅限于探讨经济、文化等方面的合作。1976 年 2 月，第一次东盟首脑会议在印度尼西亚巴厘岛举行，会议签署了《东南亚友好合作条约》以及强调东盟各国协调一致的《巴厘宣言》。此后，东盟各国加强了政治、经济和军事领域的合作，并采取了切实可行的经济发展战略，推动经济迅速增长，逐步成为了具备一定影响力的区域性组织。东盟从发起东盟地区论坛，到组织亚欧会议，再到"10＋3"的东亚领导人会晤机制的建立，都对区域合作进程起到了积极的推动作用。尤其是"10＋3"机制，它完全可以被看作是东亚经济一体化的起步。一般认为，在"10＋3"机制中，东盟处于核心位置，并且能够在中国与日本之间起到一种桥梁作用，在东亚地区合作中发挥了积极的推动作用。而且，为了自身安全与经济福利的实现，东盟试图继续推动东亚地区合作，并力争维持"10＋3"等机制建立以来东盟的既有地位。

然而，东盟新老成员以小国为主，整体经济发展水平很不平衡，分化趋势较为明显。以人均水平为例，人均收入最高的新加坡与老挝、缅甸等国的差距在 70 倍左右。经济发展的不平衡性，导致东盟各国相互适应、利益互相协调、经济政策彼此调整的难度大大增加。同时，东盟各成员在政治制度、意识形态、价值观念等方面存在较大差异，东盟内部新老成员分化的趋势也在发展，呈现出"政治小集团化"和"经济双层化"的发展态势。此外，东盟国家的产业结构具有相似性，从而导致成员国之间的经济竞争日趋激烈。由于产业结构相似，经济互补性差，东盟各国对国际市场及资金的竞争远大于合作。各国利益难以协调，贸易争端增多，矛盾冲突因互动频率的增加呈现出表面化的特征。这极大地阻碍了东盟自由贸易区自身的发展，以及东盟在东亚区域货币合作进程中作用的发挥。

尽管存在许多的问题，但是东盟作为东亚的一支关键性力量，在区域经济合作与发展中扮演着至关重要的作用。中国在参与区域货币合作的进程中应充分考虑东盟各国的影响因素。事实上，近年来中国与东盟各国的贸易也处于增长的态势。目前，东盟已逐渐成长为与中国联系最紧密的经济体。作为中国经济建设的重要合作伙伴，东盟各国各地区的稳定与发展对于中国有着特殊的重要作用。因此中国不仅要加强与东盟各国的经济合作，更重要的是要积极展开区域货币合作。与东盟各国一起，坚持从实际出发，循序渐进地推动东亚货币合作的建立与发展。同时，在贸易政策、货币政策和外交政策等方面加强同东亚盟各成员方的政策协调。以"中国—东盟自由贸易区"的建设为契机，在双边和多边合作的基础上，推动不同层次和水平的对外贸易关系网络，推动东亚经济合作的深化，积极寻求东亚货币合作的进一步方案。

当然，在处理好这些重要关系的同时，中国还应针对自身存在的问题以及人民币区域化带来的风险，在经济政策、发展路径以及汇率合作机制等方面采取措施，不断完善和发展才能有效推进人民币的成为东亚区域主导货币。首先，从经济政策来看，中国应该深化金融体制改革，增强汇率体制的弹性和适应性，强化金融监管。建立一个合理的非对称的利率市场化机制，使社会资金供求达到动态的平衡，避免金融风险；同时扩大人民币在经常项目中的使用，继续推进人民币资本项目的可兑换和扩大人民币汇率浮动的区间；加大金融监管力度，健全具有中国特色的金融监管体系，为人民币区域化创造良好的金融环境。其次，在路径选择上，人民币的区域化要实现两个结合，即市场的自发演进和政府的制度协调相结合、局部推进同系统整合的有机结合。人民币区域化的实现不能仅依赖市场的自发演进过程，还应在东亚区域货币合作的整体框架中通过相应的制度安排来推进。再次，还应不断完善人民币汇率形成机制，积极推动东亚国家和地区的汇率政策协调。在条件和时机成熟时逐渐退出盯住美元制，以"大中华经济圈"为核心区域创立盯住共同货币篮子制度，推动大中华人民币区的形成，并充分发挥遍布东亚各国和地区的华人华侨的作用，进而推进人民币成为东亚区域主导货币的进程。同时应努力寻求与东盟建立以盯住共同货币篮子的次区域，不断提高人民币在篮子货币中的比重。与以日元为核心的其他次区域开展对称性合作，最终构建东亚地区统一的汇率机制，使人民币成为区域主导货币，实现人民币的区域化，进而推动整个东亚货币合作的进程。

参 考 文 献

［1］ Cohen. The Future of Sterling as an International Currency. London: Macmilln, 1971.

［2］ Frankel, Rose A K. The Endogeneity of the Optimum Currency Area Criteria. The Economic Journal, 1998（8）

［3］ Krugman. Exchange-Rate Instability. Journal of Economic Literature, 1990（28）

［4］ Krugman. Target Zones and Exchange Rate Dynamics. The Quarterly Journal of Economics, 1991（2）

［5］ Krugman. Currencies and Crises. The MIT Press, 1992.

［6］ Krugman. Lessons of Massachusetts for EMU. Adjustment and Growth in the European Monetary Union. Cambridge: Cambridge University Press, 1993.

［7］ Chinn & frankel. Will the Euro Eventually Surpass the Dollar As Leading International Reserve Currency? NBER conference, 2005.

［8］ Mundell. Uncommon Arguments for Common Currencies. Boston: Harvard University. 1983.

［9］ Tavlas. Internationalization of currencies: The case of US dollar and its chanllenger Euro, The international Excutive, 1997.

［10］ 巴曙松等. 人民币国际化背景下的银行之路. 第一财经日报，2007 – 10 – 16

［11］ 巴曙松. 人民币国际化进程中的金融监管. 中国金融，2008（10）

［12］ 巴曙松. 从香港看跨境贸易人民币结算后的金融战略. 当代金融家，2009 – 08 – 06

［13］巴曙松 . 谋求人民币国际化新突破 . 上海证券报，2010 -
02 - 23

［14］陈雨露 . 东亚货币合作中的货币竞争问题 . 国际金融研
究，2003（11）

［15］陈雨露，边卫红 . 货币同盟理论：最优货币区衡量标准
的进展 . 国际金融研究，2004（2）

［16］陈雨露，王芳，杨明 . 作为国家竞争战略的货币国际
化：美元的经验证据——兼论人民币的国际化问题 . 经济研究，
2005（2）

［17］陈雨露 . 人民币读本 . 中国人民大学出版社，2010.

［18］褚华 . 人民币国际化研究 . 复旦大学，2009.

［19］丁一兵 . 汇率制度选择 . 社会科学文献出版社，2005.

［20］丁一兵，李晓 . 关于东亚区域货币合作的研究：文献综
述 . 当代亚太，2004（6）

［21］范方志 . 中央银行独立性研究 . 复旦大学，2005.

［22］方国志 . 人民币在东盟流通的现状及策略 . 南方金融，
2008（5）

［23］付竞卉 . 关于人民币国际化问题的国内研究综述 . 现代
商业，2007（8）

［24］高海红 . 最优货币区：对东亚国家的经验研究 . 世界经
济，2007（6）

［25］葛华勇 . 关于国际货币金融体系改革的思考 . 中国金
融，2009（1）

［26］管涛 . 有关人民币资本项目可兑换的几个问题 . 政策聚
焦，2008（5）

［27］管涛 . 国际金融危机与储备货币多元化 . 国际经济评
论，2009（5）

［28］管涛，陈之平 . 现行国际货币体系难以承受之重：美国
货币政策的量化宽松 . 外汇市场，2010.

［29］管涛 . 稳妥开放资本流出：为完善人民币汇率机制创造

条件 . 宏观经济, 2011 (7)

[30] 哈继铭 . 人民币国际化对资产价格的影响 . 中国金融, 2009 (9)

[31] 哈继铭 . 让人民币飞 . 英才, 2011 (6)

[32] 何帆 . 人民币国际化的现实选择 . 国际经济评论, 2009 (7/8)

[33] 何帆, 张斌等 . 香港离岸人民币金融市场的现状、前景、问题与风险 . 国际经济评论, 2011 (3)

[34] 黄达 . 人民币的风云际会: 挑战与机遇 . 经济研究, 2004 (7)

[35] 黄益平 . 国际货币体系变迁与人民币国际化 . 国际经济评论, 2009 (5)

[36] 李婧, 徐奇渊 . 人民币国际化进程的市场驱动力探索 . 上海财经大学学报, 2010 (6)

[37] 姜波克 . 人民币自由兑换和资本管制 . 上海: 复旦大学出版社, 1999.

[38] 姜波克, 张青龙 . 货币国际化: 条件与影响的研究综述, 新金融, 2005 (8)

[39] 姜波克, 张青龙 . 国际货币的两难及人民币国际化的思考 . 学习与探索, 2005 (4)

[40] 姜波克, 罗得志 . 最优货币区理论综述兼述欧元、亚元问题 . 世界经济文汇, 2002 (1)

[41] 李稻葵 . 人民币国际化: 计量研究及政策分析 . 金融研究, 2008 (11)

[42] 李稻葵 . 双轨制推进人民币国际化 . 中国金融, 2008 (10)

[43] 李稻葵, 尹兴中 . 国际货币体系新架构: 后金融危机时代的研究 [J] . 金融研究, 2010 (2)

[44] 李稻葵 . 富国、穷国和中国: 全球治理与中国的责任 . 国际经济评论, 2011 (4)

［45］李军睿．人民币国际化路径研究．吉林大学，2009．

［46］李若谷．经济全球化与中国金融改革．中国金融出版社，2001．

［47］李若谷．走向世界的中国金融．中国金融出版社，2006．

［48］李若谷．全球金融危机：对中国和世界的影响．在北京国际金融论坛的发言，2008．

［49］李若谷．国际货币体系改革与人民币国际化．中国金融出版社，2009．

［50］李晓，丁一兵．论东亚货币合作的具体措施．世界经济，2002（11）

［51］李晓，丁一兵．新世纪的东亚区域货币合作：中国的地位与作用．吉林大学社会科学学报，2004（2）

［52］李晓，丁一兵．现阶段的东亚金融合作：面临的挑战及政策建议．国际经济评论，2005（3）

［53］宋晓玲．转换成本视角下的东亚货币博弈研究．经济经纬，2011（2）

［54］宋晓玲．人民币国际化 基于国际货币竞争的视角．经济科学出版社，2011．

［55］吴晓灵．东亚金融合作：成因、进展及发展方向［J］．国际金融研究，2007（8）

［56］吴念鲁．论人民币可兑换与国际化［J］．国际金融研究，2009（11）

［57］吴念鲁．实现人民币国际化的利弊［J］．经济研究参考，2010（6）

［58］吴晓灵．人民币国际化尚不成熟香港作离岸中心有待研究．中国人民银行网站，2009－07－07

［59］吴晓求．金融危机正在改变世界．重庆工商大学学报，2009（7）

［60］吴晓求．大国经济需要大国金融战略．传承，2011（7）

［61］夏斌．人民币区域化路线图．竞争力，2009（5）

［62］夏斌，陈道富．加快人民币区域化进程，推进大国崛起．证券时报，2010－12－17

［63］夏斌．国际货币体系缓慢变革下的人民币国际化．中国金融，2011（15）

［64］向松祚．国际货币体系改革何去何从．中国金融，2010（11）

［65］向松祚．再论全球经济失衡、国际货币体系改革和人民币国际化．国际货币评论，2011.

［66］谢旭人：加快推进国际货币体系多元化．第一财经日报，2009－07－14

［67］谢洪燕，东亚区域货币合作与人民币地位研究，经济科学出版社，2010.

［68］徐其渊．人民币国际化面临的挑战和选择．当代世界，2010（7）

［69］徐新华．人民币国际化研究：理论与实证．上海：复旦大学，2006.

［70］胥良．人民币国际化问题研究．东北师范大学，2009.

［71］易宪容．人民币离岸金融中心在香港的可行性．互联网周刊，2003－09－15

［72］易纲、范敏．人民币汇率的决定因素及走势分析［J］．经济研究，1997（10）

［73］易纲．汇率制度的选择［J］．金融研究，2000（9）

［74］易纲、汤弦．汇率制度"角点解假设"的一个理论基础［J］．金融研究，2001（8）

［75］余永定．亚洲金融合作的发展前景．金融信息参考，2002（5）

［76］余永定．人民币汇率制度改革的历史性一步．世界经济与政治，2005（10）

［77］曾康霖．本币与外币价值的互动．中国金融，2008（6）

［78］钟伟．人民币在周边国家流通的现状、问题及对策．管

理世界，2008（1）

[79] 张杰. 经济变迁中的金融中介与国有银行. 中国人民大学出版社，2003.

[80] 张杰. 中国金融制度的结构与变迁. 山西经济出版社，1998.

[81] 张杰. 银行制度改革与人民币国际化：历史、理论与政策. 中国人民大学出版社，2008.

[82] 张杰. 恋铜情结：低水平货币均衡与人民币国际化的本位困扰. 中国金融，2010（9）

[83] 张笑尘. 国际储备货币影响因素研究. 湖南大学，2010.

[84] 赵锡军，宋晓玲. 人民币国际化坎坷前行. 资本市场，2008（5）

[85] 赵锡军. 全球金融危机下的人民币国际化：机遇与挑战. 亚太经济，2009（6）

[86] 赵锡军. 中国金融服务贸易的未来发展之路. 中国经贸，2011（2）

[87] 周小川. 用"超主权货币"重构国际货币体系. 竞争力，2009（5）

[88] 周小川. "十一五"时期中国金融业改革发展的成就. 中国人民银行网站，2010 - 12 - 09

[89] 周小川. 人民币国际化中国不着急. 21世纪经济报道，2011 - 09 - 09。

[90] 朱青. 欧元与欧洲经货联盟. 中国人民大学出版社，1999.

后　　记

当我几年前开始致力于人民币国际化问题研究的时候，正值国内外许多专家学者对此课题讨论最热烈的阶段，各种观点如潮，各类沙龙、学术报告会如火如荼，想独辟蹊径是很难的。但因为多年来一直关注人民币国际化问题，为了这篇拙作做了大量的准备工作，特别是相关实证部分的研究。此后，特别得益于北京语言大学国际商学院刘克教授的支持和鼓励，使我坚定了完成研究的决心。第一创业摩根大通证券公司 CEO、中国人民大学贝多广教授，中国银监会纪委书记、清华大学五道口金融学院杜金富教授，西南财经大学曾康霖教授，中国人民银行研究局局长张健华博士，他们为此项研究提供了大量宝贵的意见和建议。还要特别感谢中国人民大学财政金融学院高培亮博士，他为此课题提供了大量的数据和参考资料，并在付梓完成的过程中付出了很多宝贵的时间和精力。

暂且作为一孔之见吧，希望能够抛砖引玉，为推动人民币国际化这个工程做一块垫脚石。

李京晔

2013 年 8 月于波士顿